T0126792

Grundlayout der Buchreihe: Beatrix Nicolai, Bern
Grafiken: Hanni Noll, Uerikon
Satz: Kommunikation, Evang.-ref. Landeskirche
des Kantons Zürich
Druck: Rosch-Buch, Scheßlitz
ISBN 978-3-290-17383-8
2. Auflage 2012
© 2006 Theologischer Verlag Zürich
www.tvz-verlag.ch

Alle Rechte, auch die des auszugsweisen Nachdrucks,
der fotografischen und audiovisuellen Wiedergabe,
der elektronischen Erfassung sowie der Übersetzung,
bleiben vorbehalten.

GOTTESDIENST
MIT KLEIN UND GROSS

Fachstelle Vorschulzeit
der Evangelisch-reformierten Landeskirche
des Kantons Zürich,
Andreas Manig

Fachstelle Familie
der Evangelisch-reformierten Landeskirche
des Kantons Zürich,
Peter Wilhelm
(Hrsg.)

mit Beiträgen und Materialien
von Gertrud Bernoulli-Beyeler,
Ilona Daners, Alfred Ehrensperger,
Frieder Furler, Claudia Graf,
Yvonne Gütiger-Saaler, Manuela Liechti-Genge,
Andreas Manig, Christoph Müller,
Christian Randegger, Thomas Schaufelberger

Band 4
Materialien und Impulse zur Taufe
Evangelisch-reformierte Landeskirche
des Kantons Zürich

T V Z

Zum Geleit

Geschätzte Leserin, geschätzter Leser

Der vierte Band der Reihe *Gottesdienst mit Klein und Gross* beschäftigt sich auf vielfältige Art und Weise mit der Taufe. Er entstand im Zusammenhang mit dem Leitfaden «Eine Geburt bewegt» und reagiert auf den Wunsch, Praxisbeispiele und Erfahrungen rund um die Taufe zu sammeln und einem breiteren Publikum zugänglich zu machen.

Die Einführung beschreibt die Tauffeier als ein vielfältiges Beziehungsgeschehen.

- Teil I *Taufe bedenken* liefert Hintergrundinformationen, reflektiert verschiedene Sichtweisen und Bedürfnisse der Tauffamilie und beleuchtet Fragen der Seelsorge.

- Teil II *Taufe feiern* enthält Modelle zum Taufgespräch, zu Tauffeiern, zur Tauferinnerung und zeigt, wie das Taufgeschehen ins Gemeindeleben integriert werden kann.

- Teil III *Taufe gestalten* ist ein Steinbruch von weiteren Ideen, Texten und Liedern rund um die konkrete Gestaltung einer Tauffeier.

Das Buch erhebt keinen Anspruch auf Vollständigkeit oder Ausgewogenheit. Es will die Taufpraxis in den Gemeinden bereichern, beleben und mithelfen, dass Familien durch die Taufe einen Zugang zum Glauben der Kirche finden – als Hilfe und Bereicherung für ihr eigenes Leben.

Peter Wilhelm,   Daniel Schmid und Bruno Bader,
Fachstelle Familie   Fachstelle Gottesdienst und Musik

h50, Zürich, im Mai 2006

Zweite Auflage
In den letzten Jahren rückte die Taufe als Anstoss zu kybernetischen Konzepten in den Fokus vieler Kirchgemeinden. Das erklärt wohl die gute Aufnahme dieses Bandes. Der Zweitauflage legen wir deshalb noch einen Aufsatz mit dem Titel «Tauforientierter Gemeindeaufbau» bei. Neben den nötigen Aktualisierungen ist dies die einzige Änderung an der Erstauflage.

Andreas Manig
Fachstelle Vorschulzeit
h50, Zürich, im Januar 2012

INHALT

EINFÜHRUNG

Das eigene Taufverständnis – eine wichtige Klärung

In der Einführung stellt Pfarrerin Ilona Daners Überlegungen vor, die hinter dem Konzept dieses Buches stehen. Dabei kommt ihre theologische Sichtweise zum Ausdruck. Auch die weiteren Beiträge widerspiegeln das jeweilige Taufverständnis der Autorinnen und Autoren. Entdecken Sie zwischen den Zeilen sich unterscheidende Grundhaltungen und theologische Vertändnisse der Taufe und lassen Sie sich für Ihre eigene Taufpraxis anregen.

Peter Wilhelm

Die Taufe ist ein vielfältiges Beziehungsgeschehen
Ilona Daners

Eine Geburt bewegt
Die Geburt eines Kindes ist ein besonderes Ereignis. Die Eltern sind meist glücklich und dankbar über die Geburt, tief bewegt durch das Wunder und die Verletzlichkeit eines Neugeborenen. Freude und Last der Verantwortung werden spürbar. Eine Geburt konfrontiert Eltern mit ihrer eigenen Körperlichkeit, mit Schmerzen und Begrenzungen. Verschiedene Dimensionen des Mannseins und des Frauseins werden auf eine neue Weise angerührt. Es besteht viel Unsicherheit im Umgang mit diesem kleinen Wesen, das seine Bedürfnisse sehr unmittelbar, aber nicht verbal ausdrücken kann.
Sind bereits Kinder da, so staunen Eltern und Geschwister über die Einzigartigkeit, die Besonderheit und die spürbare Persönlichkeit des kleinen Geschöpfs. Ein Zusammenwachsen als neue Gemeinschaft wird nötig. Neue Themen wie das Teilen der Zuneigung und die Eifersucht geraten ins Blickfeld und müssen bewältigt werden. In die Freude und das Glück mischt sich die Frage der Belastbarkeit.
Treten Schwierigkeiten familiärer, sozialer, finanzieller, körperlicher oder psychischer Art auf, werden Versagensängste, Schuldgefühle und Zukunftssorgen verstärkt. Eine Fülle von Emotionen in grosser Bandbreite prägt den Familienalltag.

Die grosse Beliebtheit der Säuglingstaufe hat sicher auch damit zu tun, dass in dieser bewegten Zeit viele Eltern sensibler und offener für religiöse Fragestellungen sind. Die Taufe spricht immer in konkrete Familiensituationen hinein.

Nebst der Erfüllung des kirchlich-theologischen Auftrags bietet sie Begleitung, ein Gefühl der Geborgenheit, des Angenommenseins, Entlastung weit über das rein Menschliche hinaus und hat somit auch seelsorgerische Bedeutung.

Der Begriff Familie, der Begriff Eltern

Besondere Aufmerksamkeit möchte ich dem Begriff «Familie» widmen. Das traditionelle Bild der Familie als Kleinfamilie mit verheirateten Eltern und Kindern trifft die Realität längst nicht mehr. Die Familienstrukturen haben sich stark verändert. Viele Einelternfamilien, sog. Patchworkfamilien oder andere Formen des Zusammenlebens von Kindern und Erwachsenen prägen das soziale Umfeld im Familienbereich. Karin Werner hat in ihrem Bericht zur Lage der Familie im Kanton Zürich die Familie soziologisch folgendermassen definiert: «Eine Familie ist eine Lebensgemeinschaft, die aus wenigstens einem Elternteil mit wenigstens einem minderjährigen oder in der Ausbildung stehenden Kind besteht.»[1]

So sehr man diese Entwicklung bedauern mag: Massgebend für eine gesunde ganzheitliche Entwicklung der Kinder ist die Qualität des Umfelds, in dem sie aufwachsen und die Qualität der Beziehung zu den betreuenden Erwachsenen.

Mangels Alternative werden wir den Begriff «Familie» trotzdem verwenden, verstehen diesen aber im Sinne der neuen Definition von Karin Werner.

Eine ähnliche Schwierigkeit bietet der Begriff «Eltern». Wo er verwendet wird, meinen wir damit männliche und/oder weibliche primäre Bezugspersonen des Kindes.

Die Bedeutung der Taufe in der Kirchenordnung

Im Artikel 45 der Kirchenordnung des Kantons Zürich steht über die Taufe:

In der Taufe wird Gottes Ja zum einzelnen Menschen bezeugt. Sie ist Ausdruck für dessen Zugehörigkeit zur Gemeinde Jesu Christi.

Damit werden grundlegende theologische Aussagen gemacht.

1. Die christliche Taufpraxis beruft sich auf den Taufbefehl Jesu in Mt 28,18–20. Sie hängt eng mit der Erscheinung des Auferstandenen und seinem Sendungsauftrag an die Jünger zusammen. Die historisch-kritische Forschung sieht den Taufbefehl als späteren Zusatz. Unsere Taufpraxis gründet nicht im Auftrag des geschichtlich-historischen Jesus, sondern im Auftrag des auferstandenen Christus, der nur durch den Glauben erfasst werden kann.

---

[1] Karin Werner: Bericht zur Lage der Familie im Kanton Zürich, Oktober 2002. Fachhochschule des Kt. Zürich, Hochschule für Soziale Arbeit.

2. In der Taufe geht es nach dem reformierten Verständnis primär um die Beziehung Gottes zu uns Menschen, um sein annehmendes, barmherziges Ja.

3. In der Taufe wird der Beziehungsaspekt, die Zugehörigkeit des Getauften zur Gemeinde Christi zeichenhaft zum Ausdruck gebracht.

Gerade in der Diskussion um die Säuglingstaufe oder Erwachsenentaufe sind dies wichtige Aspekte.

Nach der Kirchenordnung geht es bei der Taufe nicht um ein Bekenntnis des Menschen zu Gott, nicht um ein bewusstes «zu Christus gehören wollen», sondern es geht um Gottes Beziehung zu uns Menschen und die Zugehörigkeit zur christlichen Gemeinde, die durch die Taufe festgelegt ist.

Damit spielt sich das Geschehen bei der Taufe auf zwei Beziehungsebenen ab. Die Beziehung Gottes und des auferstandenen Christus zu uns und die Beziehung der Getauften zur Gemeinde.

Die Taufe Jesu als Ausdruck der Beziehung zu Gott und zur christlichen Gemeinde

Blicken wir auf die Taufe Jesu, das christliche Urbild der Taufe, wie sie in den Evangelien überliefert wird, so werden darin ebenfalls verschiedene Beziehungsaspekte deutlich.

Das älteste Evangelium beginnt mit der Taufe Jesu durch Johannes den Täufer. *«Und es begab sich zu der Zeit, dass Jesus von Nazareth in Galiläa kam und liess sich taufen von Johannes im Jordan. Und alsbald, als er aus dem Wasser stieg, sah er, dass sich der Himmel auftat und der Geist wie eine Taube herabkam auf ihn. Und da geschah eine Stimme vom Himmel: Du bist mein lieber Sohn, an dir habe ich Wohlgefallen.» Mk 1,9–11*
Wie Johannes Jesus taufte, wird nicht berichtet. Das Schwergewicht liegt ganz auf dem Geschehen, das unmittelbar nach der Taufe Jesu erfolgte. «Der Himmel teilt sich», ein eindeutiges Indiz für eine Offenbarung Gottes, und der Geist kommt wie eine Taube auf Jesus herab. Dieses Geschehen wird von einer Stimme begleitet, die die Beziehung Gottes zu Jesus offenbart: Jesus ist der «geliebte Sohn».

Auch Matthäus und Lukas legen das Schwergewicht bei der Taufe auf die Klärung der Beziehung von Gott zu Jesus. Bei Matthäus wird Jesus als messianischer König und leidender Gottesknecht geoffenbart (Mt 3,17), in Lukas wird nach einigen Handschriften gar die Adoptionsformel «Du bist mein Sohn, heute habe ich dich gezeugt» verwendet (Lk 3,22).
Wichtig für unser Verständnis der Taufe ist, dass alle Evangelisten davon ausgehen, dass Gott Jesus die Sohnschaft und die damit verbundenen Vollmachten zusagt.

«Durch die Herabkunft des Geistes wird Jesus zum ‹Christus›. Christus, hebräisch Messias, bedeutet ‹Gesalbter›. Christus ist der mit dem Heiligen Geist Gesalbte. Er vereinigt in sich die drei Ämter zu denen man in Israel gesalbt wurde: König, Priester, und Prophet».[2]
Damit wird etwas über die Beziehung von Christus zu uns Gläubigen ausgesagt. Er ist unser König, unser Priester und unser Prophet.

Die Taufe als Beziehungsgeschehen

Stellen wir uns in den biblischen Horizont der Taufe Jesu in den Evangelien, so geht es auch bei unserer Taufe um die Beziehung Gottes zu den Menschen. An uns wird durch die Taufe die Gotteskindschaft bezeugt. Die bedingungslose Annahme, die barmherzige Zuwendung wird damit zum Ausdruck gebracht.

Die Integration der Taufe in den Gemeindegottesdienst in der reformierten Tradition zeigt die Beziehungsebene der Gemeinde zum Getauften. Es ist das Angebot des An- und Aufgenommenseins in einer transfamiliären Gemeinschaft.

Die Taufe ist nach wie vor ein gesellschaftliches Ereignis mit hoher Akzeptanz. Über den rein familiären Rahmen hinaus werden Glückwunschkarten oder Geschenke zur Taufe eines Kindes überreicht. Die Abnahme dieser Tradition weist auf eine Veränderung in der Beziehung zwischen der Kirche und der Gesellschaft hin.

Im Wunsch der Eltern, das Kind zu taufen, bringen sie ihre Beziehung zum dreieinigen Gott zum Ausdruck.
Ihr Kind ist ein Kind Gottes. Das Kind ist ihnen anvertraut, sie übernehmen Verantwortung für sein Leben, aber das Kind gehört ihnen nicht. Sie wünschen ihrem Kind die Begleitung und Geborgenheit über die rein elterlichen und menschlichen Masse und Möglichkeiten hinaus.
Die Beziehungs- oder Kommunikationsbasis zwischen Ehepartnern wird häufig in den Taufgesprächen oder Vorbereitungskursen deutlich. Nicht selten wird auch ihre unterschiedliche Beziehung zum Glauben, zu Kirche und Gesellschaft spürbar.

Die Beziehung von älteren Geschwistern zum Täufling, die Rivalität, die Eifersucht, das Ringen um Zuneigung und Anerkennung zeigen sich im Gottesdienst häufig in deren störendem Verhalten. Grosse Enttäuschungen gibt es, wenn Kinder deshalb von diesem wichtigen Ereignis ausgeschlossen werden. Sinnvoll ist deshalb, den Geschwistern eine positive Rolle, eine Aufgabe zu geben, in der auch sie gewürdigt werden und Anerkennung erhalten.

---

2 Uwe Steffen: Taufe – Ursprung und Sinn des christlichen Einweihungsritus. Stuttgart: Kreuz-Verlag 1988, S. 138.

Die Taufe ist ein Familienfest in grösserem Rahmen, an dem alle Beziehungsdynamiken innerhalb der Familie zum Ausdruck kommen. Untersuchungen einer Nationalfondsstudie (NFP 52) zeigen, dass dieser beziehungsdynamische Anteil rund um das Taufgeschehen eine sehr hohe Bedeutung hat: Generationenübergreifende Beziehungen werden gefördert und gefestigt.
Paten werden von den Eltern gewählt, die in enger Beziehung mit ihnen stehen und von denen sie sich auch die Beziehung zum Kind erhoffen.

Nicht zuletzt ist die Beziehung von Eltern zu kirchlichen Amtspersonen ein häufiger Gesprächsstoff bei Taufbesuchen oder Taufvorbereitungen. Oft wenden sich Eltern für die Taufe an Pfarrpersonen, zu denen die Familie eine Beziehung pflegt.

Die Dimensionen der verschiedensten Beziehungsebenen und Dynamiken in der Kasualpraxis mit zu bedenken und sie bewusst zu gestalten, ist ein wichtiges Anliegen dieses vierten Bandes «Gottesdienst mit Klein und Gross».
Das Buch soll positive Modelle und Ideen aufzeigen, wie die Taufpraxis zu einem gelingenden Beziehungsgeschehen wird.

Taufe als Sakrament

Die Taufe zählt in allen christlichen Kirchen zu den Sakramenten.
Nach Leonardo Boff zeichnet sich ein Sakrament, allgemeiner ein Ritual, durch drei Merkmale aus:
1. *Immanenz* («Da-sein») – Es muss da sein – also spürbar, hörbar, sehbar.
2. *Transparenz* («Entschlüsselbarkeit») – Es muss klar sein – allen Teilnehmenden muss bewusst sein, was geschieht.
3. *Transzendenz* («übergeordneter Sinn») – Es muss über sich selbst hinausweisen – es muss mehr sein als seine Durchführung.[3]

In der praktischen Arbeit mit Tauffamilien begegnen wir sehr unterschiedlichen Motiven, ein Kind taufen zu lassen. Vom Wunsch, das Kind bewusst in der Nachfolge Christi zu erziehen, bis dazu, einfach einer gesellschaftlichen Konvention zu folgen, von einem fast magischen Verständnis bis zur reinen Zeichenhandlung.
Auch der übergeordnete Sinn der Taufe ist nicht ohne weiteres einsehbar, geschweige denn einheitlich verstanden.
Das Verstehen, die Transparenz des Geschehens bei der Taufe und auch die transzendente Dimension müssen somit zunächst im Gespräch mit der Tauffamilie gemeinsam erschlossen werden.
In der Taufvorbereitung und bei der Gestaltung des Gottesdienstes mit Tauffamilien ist es deshalb wichtig, das Ritual im Gespräch positiv zu füllen, ihm Transparenz und Transzendenz zu geben, so, dass die Taufe eines Kindes zu einer bereichernden und wohltuenden Erfahrung wird. Wo dies gelingt, ist auch die immanente Dimension des Sakraments erfassbar und spürbar.

---

[3] Vgl. Leonardo Boff: Kleine Sakramentenlehre, Düsseldorf: Patmos 1976

TEIL I
TAUFE BEDENKEN

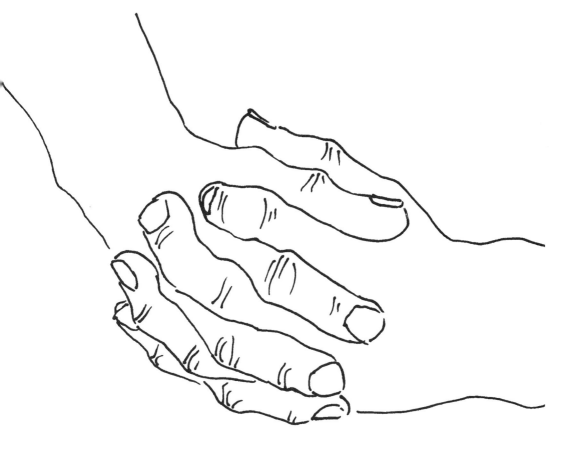

Der Taufgottesdienst – eine Einführung

Die Taufe – ein Beziehungsgeschehen
- Die Taufe – Deutungen von Beteiligten
- Taufpatenschaft: Die Paten und ihre Beteiligung am Taufgeschehen
- Der Stellenwert der Taufe im religionspädagogischen Handeln der Kirche
- Taufe – ein Argument für die persönliche Kirchenmitgliedschaft?
- Zur Frage der Wiedertaufe

Seelsorge in speziellen Situationen
- Ein Engel an der leeren Wiege
- Rituale in speziellen Situationen

Die Taufpraxis im Gottesdienst ist durch verschiedene Einflüsse geprägt.

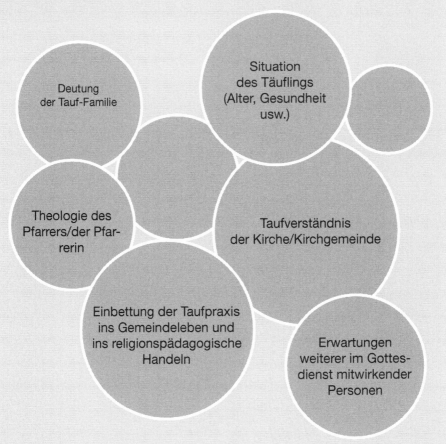

Das persönliche Taufverständnis prägt das eigene Wirken rund um die Taufe. Daneben spielen jedoch noch weitere Aspekte eine grosse Rolle.

- Wie deuten die beteiligten Familien die Taufhandlung?
- Welche Rolle soll den Eltern und Paten zukommen und wer bestimmt diese?
- Wie kann das Umfeld der Täuflinge auf eine Taufe vorbereitet werden?
- Was tun, wenn Worte fehlen, weil Tod oder Behinderung sprachlos machen?
- Welche Symbole und Bilder verdeutlichen das Taufgeschehen?

Die Beiträge von Teil I sollen helfen, das eigene Handeln rund um die Taufe vertieft zu bedenken.

Peter Wilhelm

Der Taufgottesdienst – eine Einführung
Alfred Ehrensperger

Im reformierten Kontext ist die Taufe meist Teil des sonntäglichen Predigtgottesdienstes und nicht eine selbständige Feier. Zur Taufhandlung treten Besinnung, Verpflichtung, Gebet und meist die Taufkerze. Unterschiedliche Akzente des Taufverständnisses kommen zum Ausdruck; wichtig ist der Bogen zum Abendmahl. Eltern, Paten und Gemeinde sollen entsprechend ihrer Verantwortung aktiv am Gottesdienst beteiligt sein.

altkirchliches Taufritual

Der Taufgottesdienst ist von alters her eine eigenständige liturgische Form gewesen. Auch sein Ort – der Taufbrunnen, später das Baptisterium als Taufkirche – war vom üblichen Gottesdienstraum getrennt. In der Alten Kirche (Syrien, Nordafrika, Mailand) war der Taufgottesdienst im Osterfestkreis beheimatet und gekennzeichnet durch eine Reihe von eindrücklichen Vorbereitungsmassnahmen: die Einschreibung der Taufbewerbenden an einem bestimmten Termin, z. B. am Epiphaniastag, die Taufunterweisung, Exorzismen als Absage an die Herrschaft der Sünde und an den äusseren Pomp der Weltmächte, eine Ganzsalbung vor der Taufe (wieder verbunden mit Exorzismen), das eigentliche Taufritual (bevorzugt in der Osternacht), die Stirnsalbung durch den Bischof, die Neueinkleidung der Getauften und ihre erste Teilnahme am Abendmahl unter den Gläubigen. Das Taufritual bestand zudem aus der Beantwortung der an den Täufling gestellten Bekenntnisfragen, dem Durchschreiten des Taufbeckens von Westen (dem Raum des Bösen, dem Herrschaftsbereich der Weltmächte) nach Osten (dem Ort der Erlösung und der Wiederkunft des Herrn) im Sinne eines Herrschaftswechsels weg von den Mächten dieser Welt hin zur Herrschaft Christi, der Taufhandlung durch Untertauchen oder Übergossenwerden mit geweihtem Wasser. In den ersten christlichen Jahrhunderten war die Taufe für einen Christen die einschneidende Erfahrung seines Glaubenslebens.

Taufe im Predigtgottesdienst

Unsere heutige, gegenüber früher stark veränderte kirchensoziologische Situation kann dieses alte Taufbrauchtum nicht einfach wiedergewinnen. Auch eine bewusste Entscheidung für Erwachsenen- oder Glaubenstaufen anstelle von Kinder- und Säuglingstaufen kann die Tauferfahrung der Alten Kirche nicht nachahmen. Heute finden die meisten Taufen in den evangelisch-reformierten Kirchen in einem sonntäglichen Predigtgottesdienst vor versammelter Gemeinde statt.

Elemente Ob in dieser Weise oder in einem separaten Taufgottesdienst, die liturgische Taufordnung weist folgende Elemente auf:
- Eingangswort, Vorstellen der Täuflinge und Taufansage
- Taufbesinnung, Taufpredigt und/oder Glaubensbekenntnis
- Taufverpflichtung mit Gebet vor der Taufe und Epiklesebitte
- Taufhandlung mit Zuspruch und Segnung
- Anzünden der Taufkerzen für die Täuflinge an der Osterkerze,
- Gebet nach der Taufe als Fürbitte und Tauferinnerung der Gemeinde
- Gemeindelied

Gestaltung Die verschiedenen Schwerpunkte biblischer und heutiger Taufverständnisse sollen in der Taufliturgie und -besinnung, aber bereits auch schon im Taufvorbereitungsgespräch, zum Ausdruck kommen. Ebenso sollen hier bereits Möglichkeiten zur Sprache kommen, wie die Beteiligten das liturgische Geschehen des Taufgottesdienstes aktiv mittragen können. Der in der Taufgeschichte deutlich gewordene Bogen von der Taufe zum Abendmahl bzw. zur Eingliederung in die Gemeinde Christi soll ebenfalls in der Taufvorbereitung, -predigt und -unterweisung bewusst gemacht werden. Auch für eine Taufliturgie innerhalb eines Gemeindegottesdienstes oder für einen separaten Taufgottesdienst wird der Kontext des Kirchenjahres zu berücksichtigen sein. Für spezielle Taufgottesdienste ist die Voraussetzung mehrerer Täuflinge sinnvoll; aber auch diese Gottesdienste sind öffentlich. Bei jedem Taufgottesdienst ist immer auch die Gemeinde der bereits Getauften angesprochen; sie begleitet die Eltern und Paten in ihrer Verantwortung für die getauften Kinder.

Dieser Text, ergänzt mit Literaturangaben, steht unter der Bezeichnung *II D 03 Der Taufgottesdienst* auf der Website der Liturgiekommission der evangelisch-reformierten Kirchen der deutschsprachigen Schweiz zum Download zur Verfügung (http://www.liturgiekommission.ch/Orientierung/II_D_03_Taufe.pdf).

Zur Auseinandersetzung mit der Taufpraxis in frühchristlicher Zeit findet sich auf der gleichen Website unter der Bezeichnung *III B 04* der Artikel *Zur Herkunft und Praxis der frühchristlichen Taufe* (http://www.liturgiekommission.ch/Orientierung/III_B_04_Taufe.pdf).

Im Weiteren sei verwiesen auf die Einführung zum Liturgieband IV Taufe, 1992 hrsg. im Auftrag der Liturgiekonferenz der evangelisch-reformierten Kirchen in der deutschsprachigen Schweiz.

Die Taufe, ein Beziehungsgeschehen

Die Taufe – Deutungen von Beteiligten
(Eltern, Paten und Patinnen, Kinder, Grosseltern)
Christoph Müller

In unseren Untersuchungen[4] kommt bei den Interview-Partnerinnen und -Partnern dann, wenn sie auf «Taufe» angesprochen werden, ein weites Feld von Erinnerungen, Gedanken, Gefühlen und Fragen in Sicht.
Die meisten Beteiligten nehmen die «Taufe» nicht einfach als etwas hin, das fraglos vorgegeben ist. Sie ist ihnen auch nicht gleichgültig.

Viele an einer Taufe Beteiligte schätzen es, wenn sie die Gelegenheit bekommen, so zu partizipieren, dass «Taufe» zu einem *Möglichkeitsraum eigener Deutung und eigener religiöser Kompetenz* wird.

Ein grosses Gewicht gewinnt die Vorbereitung der Tauffeier: Wie verlaufen die Taufgespräche? Wie werden die Eltern (und Patinnen, Paten) in ihrer religiösen Befähigung respektiert – und wie wird ihnen dies ermöglicht?
Es gibt Gemeinden, in denen die Kontaktnahme mit den Eltern durch einen Brief anlässlich der Geburt erfolgt. Viele Eltern reagieren sehr positiv, wenn diese Kontaktnahme in einer ansprechenden und nicht vereinnahmenden Weise gestaltet wird und wenn bei möglichen weiteren Kontakten dasselbe Symbol (z.B. eine Taube) erscheint.
Bei der *Tauffeier* kann die «Beteiligung» durch eine sichtbare und hörbare Mitwirkung geschehen, vielleicht mit einem Gebet, einem Gedicht oder einem selbst gesprochenen Versprechen. Es gibt Eltern oder Patinnen und Paten, die gerne dazu bereit sind und diese Möglichkeit schätzen, während andere sich in einer elementaren Art dadurch beteiligt fühlen, dass sie wahrgenommen und mit der eigenen Lebenswelt und den eigenen Überlegungen respektiert werden.
Folgende Faktoren erweisen sich als besonders wichtig: Atmosphärisches, die Stimmung, die gottesdienstliche Präsenz der Pfarrperson, die Ästhetik des Raums, die Choreografie, die Musik, weitere Beteiligte (z.B. andere Kinder in einem Gottesdienst), die gestisch-rituellen Möglichkeiten (z.B. eine Kerze anzünden, das Kind in die Arme nehmen).

Ich gehe davon aus, dass «Taufe» immer auch ein Inkulturations-, Entdeckungs- und Erinnerungsphänomen war und ist. Es lässt sich beobachten, dass in christlichen Kirchen von Anfang an eine *Pluralität* von Taufdeutungen im Spiel ist. Die *eine* neutestamentliche Tauftradition lässt sich nur mit willkürlichen Eingriffen und Reduktionen auffinden. Von Anfang an werden verschiedene Lebens- und Glaubenskontexte als «Schlüsselszenen» christlichen Glaubens wahrgenommen.

---

[4] Im Rahmen des Nationalen Forschungsprogramms 52 «Kindheit, Jugend und Generationenbeziehungen im gesellschaftlichen Wandel», Teilprojekt Rituale und Ritualisierungen in Familien: Religiöse Dimensionen und intergenerationelle Bezüge

Es ist eine wichtige Aufgabe der Theologinnen und Theologen zu ermöglichen, dass die Erfahrungen und Fragen der Beteiligten ins Gespräch eingebracht und mit dem reichen Schatz christlicher Symbole und Traditionen in eine kreative Verbindung gebracht werden können. Damit werden Räume für heutige Entdeckungen eröffnet.

Dabei zeigt sich, dass Säuglings-, Kinder-, Jugendlichen- und Erwachsenentaufen auch mit verschiedenen Chancen und Grenzen der jeweiligen Tauf-Deutung verbunden sind. So kann die Taufe als eigene Entscheidung und Erfahrung den Zugang zum christlichen Glauben eröffnen. Die Entscheidungstaufe kann diesen Zugang aber auch verstellen, wenn dadurch die göttliche Entscheidung, die allem menschlichen Wollen, Können und Erleben vorausgeht, zweitrangig wird. Diese göttlich zuvorkommende Entscheidung ist wiederum eine (nicht die einzige) Deutungs-Chance der Säuglingstaufe und markiert auch eine ihrer Deutungs-Grenzen, weil die Säuglingstaufe vom Täufling nicht als bewusste Erfahrung erinnert werden kann.

Typen von Bedeutungszuschreibungen und Schlüsselszenen
Aus Interviews und Erzählungen haben sich folgende Typen des Taufverständnisses ergeben (die sich natürlich vielfach überschneiden):

1. Die Taufe als Ritualisierung von familiären und transfamiliären Zugehörigkeiten
Unterschiedliche Zugehörigkeiten sind hier zentral für das Taufverständnis: Die Familie ist sehr wichtig – und gleichzeitig wird sie auf andere Zugehörigkeiten geöffnet: auf die Zugehörigkeit zu einer Glaubensgemeinschaft, zur konkreten Kirchgemeinde, zur «Kirche», zur «christlichen Kultur», zur «Gesellschaft», zum «Ganzen».
Durch die Erweiterung des sozialen Netzes kann die (Klein-)Familie entlastet und dadurch gestärkt werden: Die Eltern sind nicht allein, es sind noch andere da; es gibt ein «Netzwerk». Von grosser Bedeutung ist oft die Wahl der Patinnen und Paten (s.u. 3.).

2. Taufe als fraglich werdende (kirchliche) Konvention und Tradition
Die Taufe kann manchmal «irgendwie» selbstverständlich erscheinen (wobei dies keineswegs eine oberflächliche oder gleichgültige Einstellung wiedergeben muss): Sie wird gefeiert, weil man es «einfach (noch) macht» oder weil man «noch nichts anderes gewusst» hat, weil es «Familientradition» ist und «einfach so ähnlich weitergehen» soll, oder weil es etwas ist, «was wir ja gar nicht unter Kontrolle haben konnten – es hat uns irgendetwas eingeholt». Es würde etwas Wichtiges fehlen, wenn es die Taufe nicht mehr gäbe.

Andere grenzen sich deutlich davon ab, Taufe aus «blosser Gewohnheit» zu begehen: «Man muss nicht (mehr)». Die Taufe gehört vielmehr in den Bereich eigener Mit-Entscheidung (s.u. 3.).

Dort, wo Menschen Taufe (aus eigenem Erleben oder vom Hörensagen) nur als oberflächliche oder formalistische Konvention bekannt ist, distanzieren sie sich oder lehnen sie ab. Es gibt auch Eltern, die nicht an einen Gott glauben können und wollen, der ihr Kind «erst wegen der Taufe annehmen und lieben würde.» Sie beziehen sich dabei auf Taufverständnisse, die die göttliche Liebe zum Kind von dessen Taufe abhängig machen und behaupten, das Kind sei verloren, solange es nicht getauft ist.

3. Taufe als révélateur intergenerationeller Beziehungen
Nach der Auffassung mancher Eltern gehört die Entscheidung zur Taufe (wie andere wichtige Entscheidungen) zu ihren Aufgaben.

Eltern dokumentieren mit der Taufe Würde, Wert, Kostbarkeit und Einmaligkeit ihres Kindes (und jedes Menschen) – und auch den Respekt vor dem so wahrgenommenen Kind. Sie wollen ihrer Dankbarkeit Ausdruck geben und sehen das Kind als Geschenk Gottes.

Die intergenerationellen Beziehungen, die für das Kind konstitutiv sind, sind in manchem nicht reziprok (ebenbürtig wechselseitig). Die Säuglingstaufe kann dies in der Nicht-Reziprozität der Entscheidung für die Taufe und der Selbstverpflichtung der Erwachsenen im Blick auf die religiöse Sozialisation öffentlich darstellen. Das Kind ist darauf angewiesen, dass die Eltern ihm triftige Gründe dafür, zu leben und zu hoffen, tradieren. Eigene religiöse Perspektiven und das Selbstbestimmungsrecht des Kindes werden gerade insofern unterstützt, als Eltern (auch Patinnen, Paten und Grosseltern) dem Kind eine Entscheidungsfähigkeit ermöglichen, die ohne religiöse Erziehung nicht denkbar ist.

Die Taufe konfrontiert oft mit der Frage, wie die Eltern ihre Verantwortung dem Kind gegenüber wahrnehmen wollen. In welcher Welt wird es leben? Welche Werte sind den Eltern wichtig? Was wollen die Eltern ihm weitergeben? Welche Traditionen wollen sie ihm vermitteln? Die Wahl des Taufspruchs kann hier sehr aufschlussreich sein.

Die Beschäftigung mit der Taufe löst oft Verständigungsprozesse und auch Konflikte aus: beim Elternpaar, zwischen Eltern(-teilen) und Grosseltern, bei der Suche und Wahl der Patinnen und Paten.

In vielen Familien spielen die Patinnen und Paten eine wichtige Rolle. Sie werden sorgfältig ausgewählt – und die Erwartungen (auch der Patinnen und Paten an sich selber) sind hoch. Die Taufe kann auch die Erinnerungen an die eigenen Patinnen und Paten wecken, die sehr wichtig sein konnten, aber oft auch tief enttäuschten.

Die Frage nach der Taufe löst nicht selten die Auseinandersetzung mit der eigenen Kindheit und dem eigenen Kind-Sein aus. Das kann mit sehr ambivalenten Gefühlen verbunden sein.

Die Vorbereitung und Gestaltung des Rituals mit dem eigenen Kind ermöglicht Eltern oft wieder einen Zugang zu Ritualen, zu Geschichten, zu verschütteten religiösen Dimensionen.

4. Taufe als besondere Ritualerfahrung

Die Deutung der Taufe ist geprägt durch die Erfahrung des Atmosphärischen, der Anmutungen, der Stimmung. Der Raum (welche Erinnerungen und Geschichten sind damit verbunden?) und die Gestaltung des Raums sind nichts «Äusserliches».

Wichtig ist, welche Art von «Gemeinschaft» erfahren wird: Sind die Eltern willkommen? Wird die Taufe gemeinsam gefeiert? Welche Rollen werden von wem und wie eingenommen? Oder wird der Taufakt absolviert – und der Gottesdienst geht dann wieder «normal» weiter, als ob nichts geschehen wäre?

Die Möglichkeit des Verstehens wie auch die Möglichkeit des Erinnerns läuft nicht nur über verbale Kanäle, sondern oft einprägsamer über bestimmte «Gegenstände», zum Beispiel greifbare Symbole (wie Kerze, Wasser, Taube), über Kleider, die Architektur, Taufstein und Blumen, über Szenen, Gesten, Gebärden, das Vorne-Stehen, den Akt des Versprechens, das Nennen des Namens, den Segen. Es geht dabei auch um leibhaftige Möglichkeiten, Gefühlen von Freude, Angst, Trauer, Dank, Staunen, Bekräftigung usw. einen Ausdruck geben zu können.

5. Triftige Gründe dafür, zu leben und zu hoffen. Der Ritualzusammenhang der Taufe als Möglichkeitsraum für elementare Erfahrungen, Fragen und Hoffnungen

Eine einprägsame Deutung wird für die Beteiligten möglich (und oft auch intensiv), wenn sie die Tauffeier (und eben auch das, was ihr vorausgeht und folgt) mit ihren Erfahrungen von Gefährdung, Unsicherheit, Sehnsucht und Schmerz in einen Zusammenhang bringen und ihrem Angewiesensein auf Segen, auf Herausforderungen und auf Schutz Ausdruck geben können.
Sie empfinden es als befreiend, wenn Erfahrungen von Verletzlichkeit und Überwältigt-Sein, wenn das elementare Erleben von Umordnung (z.B. der bisherigen Paarbeziehung bzw. des Familiensystems), von Überforderung und Müdigkeit ebenso wie das Bedürfnis nach Lebensintensität und Bejahung wahrgenommen werden und eine rituelle Gestalt bekommen.
Die Tauffeier kann so etwas von dem Bedingungslosen spürbar machen, gestalten und ansprechen, das Menschen trägt – in den so vielschichtigen Widerfahrnissen von Schwangerschaft und Geburt, in der Ahnung der Würde, des Geheimnisses, der Gefährdung dieses Lebens, in den Spannungsfeldern von Nähe und Distanz, von Zuneigung und Abwendung, von Liebe und Hass, von Intensität und Leere.
Eltern möchten ihrem Kind mit der Taufe «ein Fundament geben», «Start und Anfang eines Weges» feiern. Sie wollen ihm «Glauben ermöglichen», indem es Spielräume bekommt: für eigene Entscheidungen, für Auseinandersetzungen.

Die Taufe wird auch als Feier der Hoffnung gedeutet: Hoffnung trotz allem, die Sehnsucht nach offenen Horizonten in engen Verhältnissen, denen Familien zunehmend ausgesetzt sind.

Das Taufritual bekommt gerade dann seine besondere Bedeutung, wenn es auf weitere Zusammenhänge hin relativiert wird: «Das Kind ist schon gesegnet», das «Wichtige ist schon vorher geschehen»; entscheidend ist auch das Nachher: «Wie so etwas auch praktisch gelebt wird». «Gott isch scho vorhär u dä isch z'mitzt drin u dä isch nachhär. Dä isch immer derby.»

Dem widerspricht keineswegs, dass auch das Bedürfnis da ist, Taufe als eine Art «Initiation» erfahren und verstehen zu können: Initiation in einen Glauben, den Menschen vielleicht einmal erfahren haben oder suchen, von dem sie irgendwie schon leben, der wieder verdeckt wurde und der mit dem Kind wieder neu entdeckt werden könnte. Also Taufe nicht «irgendwie». Es geht um etwas ebenso Alltägliches wie Ausseralltägliches.

6. Taufe als Teil eines umfassenden Zusammenhangs von Kind- und Familie-Sein heute

Oft wird «Taufe» von dem her interpretiert, was in den Jahren vor und nach der Tauffeier geschehen ist und geschieht: Erfahrungen mit «Kirche» (oft sehr einprägsam bei kirchlichen Bestattungen, Konfirmationen und Trauungen), die Gestaltung der Patenschaft, Feiern der Taufvergegenwärtigung, Krabbelgottesdienste, niederschwellige Elternarbeit, die Erfahrung einer kinderfreundlichen Gemeinde (z.B. ist der Kirchplatz für Kinder nicht verboten), familien- und kinderpolitisches Engagement der Kirchen usw.

Literaturhinweis:
Eine Geburt bewegt. Leitfaden für eine familiennahe gemeindeaufbauende Taufpraxis. Hrsg: Evangelisch-reformierte Landeskirche des Kantons Zürich. Gemeindedienste, Pädagogik und Animation, Hirschengraben 50, 8001 Zürich, 2005

Taufpatenschaft:
Die Paten und ihre Beteiligung am Taufgeschehen
Claudia Graf

«Letzte Woche feierten wir Geburtstag, und da wollte er (mein Göttibub) unbedingt einen Ferrari-Tschäppu [5]. Da bin ich halt… bis nach Bern gefahren. Das Geschäft hatte geschlossen. Da bin ich einen Tag später extra deswegen rasch nach Interlaken, zum nächsten Geschäft, nur um seine leuchtenden Augen zu sehen. Wenn ich das gerechnet hätte, Benzin, Zeit – das rentiert nicht, oder. Aber nur schon die Sekunden, wo er's nachher trug, den Tschäppu, Freude hatte. Dann kaufte ich noch einen für mich, dann sind wir so spazieren gegangen, er mit seinem Tschäppu, ich mit meinem. Wir kommen dann sicher auch so an den (Gotte-Götti-)Nachmittag.»

Ein guter Götti?
Die obige Aussage hat Götti Norbert in einem Interview zum Thema Taufpatenschaft gemacht.[6] Im Rahmen einer empirisch-theologischen Untersuchung befragte ich Patinnen[7] zu ihren Erfahrungen mit und Vorstellungen von Patenschaft.[8] Empirisch heisst: Mit Hilfe sozialwissenschaftlicher Forschungsmethoden wahrnehmen und beobachten, wie Patenschaften heute gelebt werden. Theologisch heisst: Fragestellung, Vorgehen und Ergebnisse daraufhin bedenken, was sie im Licht des Evangeliums und für die kirchliche Praxis bedeuten. Damit wollte ich einen Blick hinter Idealisierungen («Göttisein ist eine Ehre»), Pauschalurteile («Die meisten sind doch nur Gschänkligotten») und dogmatische Zuschreibungen («Das Patenamt ist von seinen wahren Inhalten entleert») werfen. Zugespitzt ging es um empirisch gehaltvolle und (praktisch-)theologisch begründete Antworten auf die Fragen: Wer ist ein guter Götti? Und wie kann eine Gotte darin unterstützt werden, ihrer Aufgabe gerecht zu werden? In diesem Beitrag kann ich nur ein paar wenige Aspekte davon ansprechen.

«Religiöse Erziehung»
Götti Norbert erzählt im zitierten Interviewausschnitt von einem Geburtstagsgeschenk. Aus einem engen Blickwinkel betrachtet, hat das nichts zu tun mit dem kirchlichen Amt eines Taufpaten. Dieses wird denn auch oft reduziert auf eine formelhafte «Taufzeugenschaft» und die ominöse «religiöse Erziehung». Das zeigt sich beispielhaft in den Formulierungen vieler Kirchenordnungen. Da heisst es etwa: «Bei der Taufe von Kindern verpflichten sich Eltern und Paten, das Kind im christlichen

---

[5] Umgangssprachlich für «Hut».
[6] Interview 14:43. Die Daten wurden natürlich anonymisiert. Im Folgenden spreche ich nur noch von «Patenschaft», meine aber damit immer die «Taufpatenschaft».
[7] Ich gebrauche in der Regel nur die weibliche Form. Männer sind, soweit nicht anders vermerkt, dabei mitgemeint.
[8] Dissertationsprojekt am Institut für Praktische Theologie der Universität Bern; Begleitung: Prof. Dr. Christoph Müller; Publikation voraussichtlich Ende 2006.

Glauben zu erziehen.»[9] Etwas abgeschwächt lautet die Forderung, Patinnen sollten die Eltern in dieser Aufgabe unterstützen[10] und/oder den Täufling später zum Besuch des kirchlichen Unterrichts «anhalten»[11] bzw., etwas freundlicher formuliert, «ermutigen».[12] Dabei wissen auch Fachleute, wie schwierig schon die Definition von «religiös», geschweige denn wie anspruchsvoll und umstritten eine entsprechende «Erziehung» in der pluralistischen gegenwärtigen Situation unserer (Landes-)Kirchen ist. Entsprechend ungehalten oder hilflos reagieren viele Patinnen auf die «Zumutung». Viele geben im Interview an, es handle sich um Hoheitsgebiet der Eltern, da würden sie sich nicht einmischen. Eine Patin antwortet auf die Frage, wie sie das konkret mache, ihr Patenkind religiös zu erziehen: «(lacht) eem… jaa, religiös – wie soll ich dem sagen? reli- … ich denke, ich - ich werde mich ganz normal irgendwie verhalten. Ich kann nicht sagen, ob das religiös ist oder nicht. Jaa…».[13] Das Urteil, hier fehle eben die «rechte» Bereitschaft, greift zu kurz. Es braucht einen weiteren Blickwinkel. Ein Beispiel dafür ist die Formulierung der entsprechenden Aufgabe in der baselstädtischen Kirchenordnung. Patinnen erklären sich bereit, heisst es dort, «den Täufling an seine Taufe zu erinnern und ihn auf seinem Lebensweg zu begleiten.»[14] Hier wird Bezug genommen auf die meist als selbstverständlich vorausgesetzte und selten wirklich gewürdigte Teilnahme der Patinnen am Taufakt. Es wird vorausgeschaut auf das ganz gewöhnliche, «weltliche» (Alltags-)Leben von Täuflingen. Und es zeigt sich eine Fülle von Ansatzpunkten für die kirchliche Begleitung von Patenschaften.

Historischer Hintergrund

An dieser Stelle lohnt sich ein Blick auf die lange Geschichte des Patenamtes. Er offenbart eine grosse Vielfalt von Lebensbezügen. Und er verbietet die Reduktion auf eine einzige «wahre» Tradition von Patenschaft. Ich nenne lediglich ein paar Beispiele.

Kirchlich-institutionell gesehen gibt es in der Alten Kirche drei «Ursprünge» des heutigen Patenamtes. (1) Wenn sich in der Alten Kirche jemand taufen lassen wollte, musste sie einen «Sponsor» haben, der dafür bürgte (lat. spondere = sich verbürgen), dass die Taufbewerberin redliche Absichten hatte, sich zum Christentum zu bekennen, und würdig war, den Taufunterricht zu empfangen. (2) Während des Taufaktes selbst half ursprünglich eine Diakonin mit, den Täufling «aus der Taufe zu heben». Die Funktion dieses «susceptors» (lat. suscipere = aufheben) wurde später den Patinnen übertragen. (3) Bei der Taufe von Kindern brauchte es jemanden, der

---

9   Kirchenordnung der Reformierten Kirche von St. Gallen, 1980, Artikel 44. Ähnliche Formulierungen: Thurgau, 1978; Wallis, 1997. Die Beispiele aus den Kirchenordnungen verdanke ich einer von Prof. Dr. Andreas Marti zusammengestellten Synopse. Quelle: http://www.liturgiekommission.ch/index.html [1.12.05].

10 Z.B. die Kirchenordnung der Reformierten Kirche von Basel-Landschaft, 1990, Artikel 18.

11 Kirchenordnung der Reformierten Kirche von Thurgau, 1978, Artikel 18. In der revidierten Kirchenordnung von 2010: «…das Kind auf seinen Weg zum Erwachsenwerden in geistlicher Hinsicht zu begleiten.»

12 Basel-Landschaft, 1990, Artikel 18.

13 Interview 3:45.

14 So die Kirchenordnung der Reformierten Kirche von Basel-Stadt, 1989, Artikel 18.

für sie die Tauffrage beantwortete. Ursprünglich hiess es: «Willst du getauft werden?» Lange Zeit sagten die Patenleute stellvertretend für den Täufling «Ja». In der Reformation änderte sich dies; namentlich Zwingli ging zu der Frage über: «Wollt Ihr, dass dieses Kind getauft wird?» Daraus resultierte die Verpflichtung, sich für die «religiöse Erziehung» des Kindes einzusetzen.

Aus diesen «Ursprüngen» heraus und neben ihnen her entwickelte sich die Vorstellung, dass Gotte und Götti zusätzlich zu den leiblichen Eltern des Täuflings dessen geistliche Mutter bzw. geistlicher Vater seien. In der mittelalterlichen Kirche gab es dazu ganze Lehrgebäude und zahlreiche Vorschriften, die u.a. wegen (geistlicher!) Inzuchtgefahr die Heirat zwischen «Götti und Gotteli»[15] strikte untersagten. Der «geistlichen Elternschaft» entsprach gesellschaftlich gesehen die Fürsorgepflicht von Patinnen für ihre Patenkinder. Dazu gehörte nicht nur, für das Kind zu sorgen, wenn die Eltern dazu nicht (mehr) in der Lage waren. Die Fürsorgepflicht umfasste oft auch allgemein eine verbindliche Begleitung des Kindes und materielle Zuwendungen in Form von Beiträgen an seine Ausstattung, von Geschenken zu bestimmten Gelegenheiten und, angesichts der hohen Kindersterblichkeit nicht selten, an seine Bestattung. Um die Beziehung zwischen Patin und Patenkind rankten sich viele volkskundlich interessante Vorstellungen. Davon zeugt beispielsweise das noch heute bekannte Grimm-Märchen vom «Gevatter Tod». Nicht nur zum Kind hatten Gotte und Götti eine besondere Beziehung. Für die Eltern waren sie Gevattersleute: Das alte Wort heisst so viel wie «Mitvater» oder «Mitmutter». In den oberen gesellschaftlichen Schichten wurden durch Patenschaften politische Allianzen geschmiedet und wirtschaftliche Vorteile erlangt. Zu gewissen Zeiten, etwa als im Mittelalter die Bettelmönche eine wichtige Rolle spielten, galt es hingegen für aussichtsreich, einem Kind möglichst arme, «dahergelaufene» Göttileute zu bestimmen, weil man glaubte, dass Arme Gott besonders nahe stünden.

These

Die wenigen Hinweise zur Geschichte zeigen, dass auch «früher» die Patenschaft nicht «einfach» eine kirchlich-religiöse Angelegenheit war. Ich stelle deshalb aufgrund meiner historischen Spurensuche und der empirisch-theologischen Arbeit die folgende These auf: Sogenannt weltliche, sozial-familiäre Aspekte der Patenschaft gehören untrennbar zusammen mit dem theologisch-kirchlichen Geschehen, dessen Brennpunkt die Taufe ist. In ihrem Kern ist Patenschaft sowohl Beziehungsgeschehen (A) als auch ein Element im Ritualzusammenhang der Taufe (B).

A Zum Beziehungsgeschehen gehören:
die Auswahl der Patinnen durch die Eltern, Geschenke und gemeinsame Aktivitäten, Auseinandersetzungen, Erwartungen und Enttäuschungen, Entwicklungen und Entfremdungen.

---

[15] So lautet der Titel eines Romans von Rudolf von Tavel. Der Begriff «Gotteli» ist heute nicht mehr gebräuchlich; er bezeichnet das Patenkind – parallel etwa zum französischen Ausdruck «filleul/filleule».

B Zum Ritualzusammenhang der Taufe gehören:
Vorbereitung und Gestaltung des Taufgottesdienstes, Tauferinnerung und (Klein-) Kinderfeiern, kirchlicher Unterricht und Konfirmation.

Beides gehört zusammen. Nur wenn wir kirchlicherseits auch das wahrnehmen und wertschätzen, was zwischen Patin, Patenkind und Eltern alltäglich, unspektakulär geschieht, können wir liturgische Bezüge schaffen, religionspädagogische Anliegen plausibel und theologische Dimensionen sichtbar machen. Ein möglicher Leitgedanke dabei ist, dass Patenschaft sichtbarer Ausdruck sein kann für das Beziehungsgeschehen zwischen Gott und Mensch. Die Präsenz der Patenleute beim Taufgottesdienst wirkt auch ohne erzwungenes Versprechen. Denn: «Immer ist es ein Thema der Theologie, wie ein Mensch zwischen Geburt und Tod seinen Weg auf Gott zu oder von Gott weg beschreitet, wie er auf diesem Weg zur Wahrheit findet oder sie verfehlt.»[16] Die Zuwendung der Patin zum Patenkind hat religiöses Potenzial. Die leuchtenden Augen von Götti Norberts Patenkind, der Ferrari-Tschäppu als «Herzenswunsch», der Aufwand des Götti, um ihn zu erfüllen: Im eingangs zitierten Beispiel dreht sich nicht alles um die materielle Erfüllung eines banalen Wunsches. Hier geht es, in einer tieferen Schicht, um Sinnfragen und die Thematik «Was mich unbedingt angeht».

Implikationen für die kirchliche Praxis

Meine Überlegungen konkretisiere ich nun anhand zweier Bereiche, in denen die Beteiligung von Gotte und Götti am Taufgeschehen zum Ausdruck kommt bzw. gefördert werden kann.

Der Taufgottesdienst

In erster Linie beteiligen sich Patinnen an der Taufe des Täuflings. In aller Regel stehen sie zusammen mit den Eltern vorne in der Kirche beim Taufstein, sehr oft tragen sie den Täufling in die Kirche und/oder halten ihn während des Taufaktes. Manchmal lesen sie den Taufspruch, tragen selber einen Text vor, zünden die Taufkerze an oder singen sogar ein Lied. Möglichkeiten der Beteiligung gibt es viele. Sie können ein wichtiger Beitrag zum Taufgottesdienst sein. Sie können aber auch als Fremdkörper wirken. Und es ist nicht jedermanns und jederfraus Sache, sich aktiv zu beteiligen. Ein Götti antwortete im Interview auf die Frage, was er beim Taufgottesdienst gemacht habe: «Tja, ich bin daneben gestanden und habe ‹ds Öu verschüttet›.»[17] Deshalb scheint mir vor allen allfälligen Aktivitäten entscheidend, dass die Patenleute von der Liturgin überhaupt beachtet werden – in ihren Bedürfnissen und Kenntnissen, in ihrer Präsenz und in ihrer jeweiligen Aufgabe.

Das beginnt bei der Vorbereitung. In einigen Kirchenordnungen wird die Teilnahme der Patinnen am Taufgespräch mit den Eltern ausdrücklich gewünscht. Dies wird

---

[16] Wagner-Rau, Ulrike (2000): Segensraum. Kasualpraxis in der modernen Gesellschaft, Stuttgart et al., S. 12.

[17] Das ist ein bildhafter, umgangssprachlicher Ausdruck für: «Ich bin mir dumm vorgekommen».

sich bereits aus terminlichen Gründen selten realisieren lassen. Ein spezielles vorbereitendes Gespräch zwischen Pfarrerin und Patenleuten ist zwar ebenfalls sehr wünschenswert, in Zeiten des Spardrucks aber noch unrealistischer. Trotzdem müssen die Patenleute bei der Vorbereitung der Taufe und im Gespräch mit den Eltern nicht aussen vor bleiben. Eine Möglichkeit ist es, schriftliche Unterlagen zur Patenschaft den Eltern abzugeben und/oder den Patinnen zuzusenden. Konkrete Aspekte der Beteiligung können telefonisch und/oder elektronisch mit den Patenleuten besprochen werden. Schon eine einfache Kontaktnahme der Liturgin, eine kurze Vorstellung und eine direkte Information über den Ablauf des Gottesdienstes können Gotte und Götti zeigen: Wir sind nicht bloss Statistinnen. Wir sind auch mitgemeint. Eine gute Möglichkeit ist es, die Eltern beim Taufgespräch auf ihre Patenwahl anzusprechen, sie erzählen zu lassen, wie es dazu gekommen ist, dass sie gerade diese Personen als Gotte und als Götti für ihr Kind bestimmt haben. Die Erzählungen geben der Liturgin Einblick ins Beziehungsgeschehen. Sie liefern Gesprächsstoff für ausgesprochene und unausgesprochene Erwartungen von Eltern, Patinnen – und Kirche. Und sie geben gewiss Anhaltspunkte dafür, dass auch die Patinnen sich im Taufgottesdienst angesprochen und ernst genommen fühlen.

Ein liturgischer Brennpunkt im Taufgottesdienst ist das Versprechen der Patinnen. Es wegzulassen vermeidet die Gefahr, Menschen Dinge versprechen zu lassen, die niemand genau konkretisieren und kaum jemand einhalten kann – unterschlägt aber auch die Chance, Patinnen verbindlich in ihr Amt «einzusetzen». In vielen Interviews zeigte sich nämlich, dass Patinnen eine Taufe gewissermassen als «Installation» erleben bzw. erleben möchten. Eine Patin sagte im Interview über die Patenschaft: «Für mich ist das wie ein Pakt mit der Familie von Gisela. Ich nehme sie unter meine Fittiche. Im Fall der Fälle ganz, und sonst stehe ich ihr gerne bei, bis sie mal gross ist, und habe die guten und die schlechten Zeiten mit ihr.»[18] Die Taufe ihres Patenkindes ist für Patinnen eine Möglichkeit, sich selber ihrer Aufgabe bewusst zu werden und diese auch in der Liturgie zugesprochen zu erhalten. Analog zum Trauversprechen gelingt dies, wenn individuelle, familiäre und kirchliche Aspekte berücksichtigt werden und wenn – im Idealfall – die «Betroffenen» selber das Versprechen oder wenigstens Stichworte dazu formulieren können.

Nach dem Taufgottesdienst
Niemand würde heute behaupten, eine Patenschaft erschöpfe sich in der Präsenz beim Taufgeschehen. Trotzdem spielen Patinnen im kirchlichen Leben höchstens noch bei der Konfirmation eine (Neben-)Rolle. In den Jahren dazwischen fallen sie in vielen Kirchgemeinden ausser Rang und Traktanden. Dabei bietet sich hier nicht nur ein weiterer Bezugspunkt für die Kinder- und Familienarbeit, sondern auch eine der eher seltenen Gelegenheiten, gerade jüngere und mittelalterliche Frauen und Männer ohne eigene Kinder durch kirchliche Angebote anzusprechen. Gotte und Götti können zu Kleinkinderfeiern eingeladen, in den kirchlichen Unterricht einbezogen werden (auch wenn es «nur» darum geht, über sie und ihre Rolle im Leben der Kinder zu sprechen), und sie gehören mit zur Tauferinnerung.

---

18 Interview 1: 37.

Ich berichte abschliessend von einem Experiment, das ich im Rahmen meiner Forschungsarbeit in der Berner Agglomerationsgemeinde Schliern mit Unterstützung der lokalen Kirchenbehörde und in Zusammenarbeit mit der Ortspfarrerin durchgeführt habe. Götti Norbert hat im eingangs aufgeführten Zitat auch davon gesprochen: Schlierner Kinder erhielten eine Einladung, zusammen mit ihren Gotten und Götti an einen «Gotte-Götti-Nachmittag» zu kommen. Sie wurden aufgefordert, ihre Taufkerze mitzubringen. Am betreffenden Samstagnachmittag Ende November konnten wir im Kirchgemeindehaus neun «Patenschaftsgespanne» begrüssen: Neun Kinder kamen mit mindestens einer Gotte, teilweise waren zwei Gotten des selben Patenkindes gekommen, und vier Elternteile waren auch dabei. Programmpunkte des Nachmittags waren u. a. das Bemalen von «Gotte-Götti-Taschen», für das die Gespanne zu Beginn eine ganze Stunde Zeit hatten miteinander; ein Foto-Atelier, in dem jedes Gespann mit verschiedenen Requisitien für eine Aufnahme posieren konnte; ein Zvieri – und ein Gottesdienst, den die Pfarrerin ruth Schoch konzipierte und gestaltete. Letzterer schnitt in der Evaluation durch die Teilnehmenden überraschenderweise gleich gut ab wie das Taschenmalen und noch besser als das Foto-Atelier. Die Patinnen meldeten zurück, sie hätten das spezielle, feierliche, spirituelle Element an diesem Nachmittag sehr geschätzt.

Die gottesdienstliche Feier war jahreszeitgemäss um das Lied «Chliini Liechtli, chliini Liechtli, wei mer sii» nach der Melodie von «Frère Jacques» gestaltet. Als Hinführung erzählte die Pfarrerin die (fiktive) Taufe von Tamara. Anschliessend zündeten eine Gotte und ein Götti stellvertretend für die anwesenden Patenleute die von den Kindern mitgebrachten Taufkerzen bzw. einen von den Vorbereitenden zur Verfügung gestellten Ersatz an. Die Pfarrerin wies darauf hin, dass nicht nur Kerzen für uns brennen, sondern dass wir auch selber Licht sein können. Sie übte mit den Anwesenden das Lied ein, und dann konnten alle Kinder nach vorne kommen und so viele Teelichter anzünden und «ihren» Erwachsenen bringen, bis alle Menschen im Raum eine brennende Kerze hatten. Danach tanzten die Kinder zusammen mit der Pfarrerin einen Kreistanz, die Erwachsenen sangen dazu und konnten dann ihre Kerzen auch nach vorne bringen. Zum Schluss waren alle zusammen zum Zvieri eingeladen.

Auf die Frage, was ihnen wohl von dem Nachmittag in Erinnerung bleiben würde, schrieben die Patinnen: «glückliche Menschen»; «einfach, den Gotte- und Göttitag mit dem Gottekind zusammen verbringen dürfen, speziell in einem so feierlichen, abwechslungsreich gestalteten Rahmen»; «den Stolz des Patenkindes mitzuerleben, das *allein* etwas Spezielles mit dem Götti unternimmt»; «für mich war es ein schönes Erlebnis, zusammen mit Marianne und ihrem Götti den Nachmittag zu verbringen, einmal ohne Geschwister und eigene Kinder»; «ein Nachmittag der Ruhe»; «der Gottesdienst».

Götti Norbert und sein Göttibub kamen tatsächlich beide mit ihrem Ferrari-Tschäppu. Der Göttibub war kurz vorher ernsthaft krank gewesen; die Mutter hatte mich angerufen und zunächst gemeint, er könne wohl nicht kommen. Als er dann trotzdem kam, sollte es eigentlich nur für eine kurze Stunde sein. Aber von Früher-Heimgehen war schnell keine Rede mehr. Es war eine Freude, die beiden zu beobachten, wie sie das Zusammensein in vollen Zügen und alle beide mit leuchtenden Augen genossen. Und das in einem kirchlichen Rahmen: Auch so kann Taufe im Alltag erlebt werden!

Der Stellenwert der Taufe im religionspädagogischen Handeln der Kirche
Frieder Furler

Die Zielsetzung des religionspädagogischen Handelns
Kirche ist unterwegs mit Kindern, Jugendlichen, Müttern und Vätern. Wohin geht die Reise? Gesamtziel ist es, mit ihnen

- *den Glauben an Gott zu erfahren und zu lernen.* Glauben heisst Vertrauen auf Gott, der die Welt in seiner Hand hält. Glauben heisst Liebe zu Gott, der in Jesus Christus unser Bruder wird. Glauben heisst Hoffen auf Gott, welcher in der Kraft seines Geistes uns entgegen kommt, uns stärkt und befreit.
- *den Glauben an Gott zu leben und zu gestalten.* Das zeigt sich im Staunen über die Schöpfung und im achtsamen Umgang mit ihr, im Engagement für Menschlichkeit, Gerechtigkeit und Frieden sowie in der Sehnsucht nach Leben und in der Freude am Leben.

Die Nähe der Kirche zu Biographie und Familie
Kirche wird Heimat, wo sie den Biographien der Menschen und den Bedürfnissen der Familien nahe ist. Vier Schwerpunkte geben dem gemeinsamen Weg ein Profil:

Schwerpunkt der ersten Phase der Kindheit (bis zum Alter von 8 Jahren) ist das gottesdienstliche Feiern. Dabei werden die Kinder mit den Grundformen vertraut, in welchen der Glaube lebt: Erzählen und Beten, Singen und Tanzen, Begegnung und Gemeinschaft.

Schwerpunkt der zweiten Phase (von 8 bis zu 12 Jahren) ist das Lernen. Die Kinder entdecken, was es von den christlichen, besonders von den evangelisch-reformierten Kirchen zu wissen gibt. Die Grundformen des Glaubens entfalten sich: Die Kinder lernen Bibel und Liedgut kennen (Erzählen und Singen). Sie setzen sich mit dem «Unser Vater» auseinander (Beten). Sie verbringen zusammen eine Lagerwoche (Begegnung und Gemeinschaft). Oder in einem freiwilligen Projekt entsteht ein Singspiel (Singen und Tanzen).

Schwerpunkt der dritten Phase (der Konfirmationszeit von 12 bis zu 16 Jahren) ist das Teilen. Der Akzent liegt auf Mitverantwortung und Mitbestimmung. Die Jugendlichen erfahren ihr eigenes Dasein und die kirchliche Wirklichkeit als Leben in persönlichen Beziehungen. Unter den Grundformen des Glaubens werden Begegnung und Gemeinschaft vorrangig. Aus den anderen Formen entwickeln sich Bibliodrama (Erzählen), Meditation (Beten) oder ein Musical (Singen und Tanzen).

Schwerpunkt der vierten Phase (von 16 bis zu 25 Jahren) ist das Gestalten. Jugendliche und junge Erwachsene brechen auf und suchen neuen Lebensraum. Sie treffen auf die Kirche am Weg und bringen ihre eigene Sprache, ihre Ausdrucksformen und ihre Musik ein. Sie werden selber zu einer Bewegung in der Kirche und bauen Netzwerke auf. Sie gestalten die Grundformen des Glaubens kreativ weiter.

Taufe und Konfirmation als Feiern im Taufprozess

Taufe und Konfirmation sind Brennpunkte der Kirche, welche mit Kindern, Jugendlichen und Familien unterwegs ist.

Mit der Taufe feiern wir Gottes Ja zu uns Menschen als Lebewesen – und nicht als Wesen des Todes; das Ja zu unserer *Geburtlichkeit* – und nicht zu unserer Sterblichkeit. Dieses Ja Gottes lässt sich unter drei Aspekten sehen. Einmal: Im Staunen über das Wunder eines lebendigen Geborenen spüren wir etwas vom Ja des schöpferischen Gottes. Dann: In unserer mütterlichen Fürsorge für das ausgesetzte, gefährdete und heimatlose Neugeborene («die extrauterine Frühwaise») spiegeln wir etwas vom mütterlichen und bejahenden Gott, der sich in unserem Bruder Jesus zeigt. Schliesslich: Ein geburtliches Wesen ist nie fertig oder perfekt, beginnt immer wieder von neuem. Und so bleibt es jung. Darin spiegelt sich das Ja Gottes, welches uns regeneriert und verjüngt, tröstet und beflügelt – die Kraft des Heiligen Geistes. Die Taufe auf den Namen des dreieinigen Gottes bringt sein dreifaches Ja zum Ausdruck.

Die Taufe ist ein feierlicher Höhepunkt. Aber im Grunde ist sie ein lebenslanger Prozess. Wir tauchen ein ins Leben. Wir nehmen das dreifache göttliche Ja allmählich oder immer wieder neu in uns auf. Wir lernen, uns selber und die anderen, das Leben und die Welt zu bejahen. Die Konfirmation ist ein Wendepunkt in diesem Prozess. Bei der Kindertaufe liegt das geburtliche Wesen in den Händen der Eltern und in Gottes Hand. Mit der Konfirmation nehmen die Jugendlichen das Geschehen ihrer Persönlichkeitsentwicklung aus Gottes Hand in ihre eigenen Hände. Bei der Taufe solidarisieren sich die Eltern mit dem Kindlichen gegen alles Kalte der Zeit. Bei der Konfirmation übergeben die Eltern vor Gott den Jungen die Verantwortung für ihre Mitarbeit an einer menschlicheren Zukunft. Die Konfirmation ist der Ruf in die Freiheit und die Verantwortung. Die Jugendlichen tauchen ein in das erwachsene Leben, seine Fülle und seine Fluten. Der Taufprozess geht weiter – ein ganzes Leben lang.

Tauforientierter Gemeindeaufbau

Die Taufe bringt zweierlei zum Ausdruck: unser geburtliches und Gottes bejahendes Wesen. Das ist die Grundlage und Mitte des ganzen religionspädagogischen Handelns der Kirche. Darum soll ein starkes Gewicht auf die Kindertaufe und die Elternkontakte gelegt werden. Kirche ermutigt Mütter und Väter, in der christlichen Erziehung Eigenverantwortung zu übernehmen. Sie unterstützt die Eltern bei der Suche nach überzeugenden Formen der Glaubensvermittlung. Sie lernt mit ihnen, sich von den Fragen der Kinder bewegen zu lassen. Sie hat die Vision, dass jede Biographie zu einem Taufprozess werden kann. Dieser Ansatz bringt von unten her und nachhaltig Leben in die Gemeinde, wenn wir ihn kraftvoll und herzhaft verfolgen.

Taufe – ein Argument für die persönliche Kirchen-mitgliedschaft?
Frieder Furler

Der folgende Text basiert auf Untersuchungen und Aussagen von Alfred Dubach, Brigitte Fuchs und Roland J. Campiche. Er regt dazu an, das Ritual der Taufe auch im Zusammenhang mit der Zugehörigkeit der Menschen zur Institution Kirche zu bedenken.

Grundlagen-Literatur:
Alfred Dubach, Brigitte Fuchs: Ein neues Modell von Religion. Zweite Schweizer Sonderfallstudie – Herausforderung für die Kirchen. Zürich: Theologischer Verlag Zürich, Edition NZN bei TVZ, 2005
Roland J. Campiche: Die zwei Gesichter der Religion. Faszination und Entzauberung. Zürich: Theologischer Verlag Zürich, 2004

Die Mitglieder der reformierten und katholischen Kirchen lassen sich drei Typen zuordnen. Testen Sie sich selber!

Ein kleiner Test
Wären Sie auch schon gerne aus dem Staat ausgetreten? Vermissen Sie Persönlichkeiten mit Zivilcourage? Warum braucht es Kirchen für die Religion?

Sind das Ihre Fragen und sind Sie trotzdem Kirchenmitglied, dann gehören Sie zum *generellen Typ.* Sie organisieren sich selber auf der Suche nach Sinn. Sie gehen ohne Scheuklappen über den religiösen Markt. Sie schätzen unabhängig von ihrer Person ganz allgemein die diakonischen Leistungen der Kirchen für die Allgemeinheit. 23% der Kirchenmitglieder vertreten Ihre Haltung. Sie betrachten die Kirche nach ihrem Leistungsausweis. So lange sie gesellschaftlich nützlich ist, bleiben Sie Mitglied aus freier Wahl. Die Kirchensteuer ist Ihre Form des Glaubensbekenntnisses.

Leiden Sie darunter, dass die Kirchen ihrem Auftrag gegenüber lau sind? Fühlen Sie sich mit den Zielen und Werten der Kirche persönlich identifiziert? Hat das eine Auswirkung auf Ihre Lebensführung? Ist Ihnen die Beheimatung in einer Beteiligungskirche wichtig? Empfinden Sie es als Bereicherung, über eine Institution aus dem Schatz der jüdisch-christlichen Tradition zu schöpfen?

Trifft das zu, dann gehören Sie zum *institutionellen Typ.* Die Kirche soll für Sie eine Überzeugungsgemeinschaft sein. Sie fühlen sich mit ihren Werten tief verbunden. Die Kirche ist nicht für Ihre Bedürfnisse da. Sie selber wollen für die Kirche und ihre Ziele da sein. Ihre Haltung teilen 23% der Kirchenmitglieder.

Haben Sie sich schon geärgert, weil eine Taufe im Wald oder eine Trauung auf dem Berg oder eine Urnenbeisetzung auf dem See nicht möglich war? Sehen Sie die Kirche als Dienstleistungsbetrieb an biographischen Übergängen? Ist für Sie die Kirche für den Menschen – und nicht der Mensch für die Kirche da?

> Dann gehören Sie zum *rituellen Typ*. Er hat mit 54% den grössten Mitgliederanteil. Entweder fühlen Sie sich dabei stärker als Anhängerin und Anhänger denn als Kundin und Kunde. Dann stehen Sie dem institutionellen Typ näher. Sie sind hochrituell. Oder Sie fühlen sich eher als Kundin und Kunde. Sie stehen dem generellen Typ näher und sind rituell mit loser Kirchlichkeit. Ob Sie hochrituell oder lose rituell sind, zeigen die Häufigkeit Ihres Gottesdienstbesuchs und die Stärke Ihrer Kirchenaustrittsneigung.

Fazit:

Die Kirchen sind Überzeugungsgemeinschaften und dienen dem Gemeindeaufbau. Sie sind Service-Kirchen und dienen der Begleitung durch Gottesdienst und Bildungsangebote. Sie sind soziale Leistungserbringer und dienen der Diakonie. Stark wird diese Vielfalt, wenn alle von den Stärken der anderen lernen. Der institutionelle Typ ist stark in seinem christlichen Profil und seinem Engagement. Der rituelle Typ ist stark in seiner Nähe zu Biographie und Familie. Der generelle Typ ist stark in seinem Mut zur Mündigkeit und Sinnsuche. Stark wird diese Vielfalt auch, wenn alle Gremien mit Leitungsfunktionen die vier Handlungsfelder Gottesdienst, Bildung, Diakonie und Gemeindeaufbau klar profilieren.

Testen Sie die anderen Typen – und lernen Sie von ihnen!

Drei Motive der Kirchenbindung

Menschen von heute nehmen gegenüber Institutionen ihren individuellen Spielraum stärker in Anspruch als frühere Generationen. Trotzdem gehören laut Volkszählung von 2000 immer noch 70% der Schweizer Bevölkerung einer der beiden Grosskirchen an. Offenbar gibt es Motive, welche die Mitglieder an die Kirchen binden.

Es lassen sich drei Motive der Kirchenbindung herausschälen.

Motiv I: *Wert-Bindung («Normativ-soziale Bindung»)*

Soziale Organisationen wie die Kirchen leben auch davon, dass sich Mitglieder an ihre Werte und Normen binden. Mitglieder lassen sich einbinden, indem sie sich mit diesen Werten und Normen identifizieren. Beim ersten Bindungs-Motiv liegt in erster Linie eine starke persönliche Identifikation mit den Glaubensüberzeugungen und mit den Werthaltungen der Kirche vor. Darin besteht die normative Bindung an die Kirche. In zweiter Linie hat die Anteilnahme an den unterschiedlichen Formen gelebter kirchlicher Gemeinschaft einen hohen Stellenwert. Darin besteht die soziale Bindung an die Kirche. Kirche erscheint als Überzeugungsgemeinschaft mit Ausstrahlung auf die persönliche Lebensführung. Sie ist der Ort, wo verbindliche Lebens- und Glaubensgemeinschaft erfahrbar wird.

Motiv II: *Interessen-Bindung («Bindung aus Selbstinteresse»)*

Das zweite Motiv setzt bei den eigenen persönlichen Interessen an. Es bezieht sich auf die Herkunft: «Ich bleibe bei dem, worin ich aufgewachsen bin» – oder auf die Gegenwart: «Taufe, Hochzeit und Beerdigung sind mir wichtig» – oder auf die Zukunft: «Ich könnte die Hilfe der Kirche einmal nötig haben». Das zweite Motiv ist im Vergleich zum ersten stärker auf die Person und ihre Interessen als auf die Institution und ihre Werte bezogen. Die Kirche vermag mit ihrer Tradition, mit ihren Amtshandlungen, mit ihrem seelsorgerlichen und diakonischen Angebot diese Interessen abzudecken. Sie erscheint als Organisation, die religiöse Bedürfnisse ihrer Mitglieder erfüllt.

Motiv III: *Wahl-Bindung («Selbstbestimmte Bindung»)*

Das dritte Motiv bringt den zunehmenden Freiraum, den das moderne Individuum der Institution gegenüber beansprucht, zum Ausdruck. Aktive Teilnahme in der Kirche ist nicht nötig, ja nicht einmal die Organisation Kirche ist nötig. Es gibt auch Glauben ohne Teilnahme oder Zugehörigkeit («believing without belonging»). Gerade im Wissen um diesen freien Spielraum kann jemand Kirchenmitglied bleiben. Kirche erscheint als frei wählbarer Hintergrund. Sie ist keine Notwendigkeit, sondern eine Möglichkeit.

Diese drei Motive können in einer Person oder Gruppe gleichzeitig nebeneinander bestehen. Aus der unterschiedlichen Gewichtung dieser Motive ergeben sich vier Typen der Kirchenbindung.

Vier Typen der Kirchenbindung

Der institutionelle Mitgliedschaftstyp
zeigt seine Wert-Bindung in der starken Zustimmung zu folgenden Aussagen:

- Die Kirche vertritt Werte, die mir persönlich wichtig sind.
- Die Kirche ist eine Gemeinschaft, die ich nötig habe.
- Ich bin Mitglied der Kirche und werde es wohl auch bleiben.
- Die Kirche spielt in der Kindererziehung eine wichtige Rolle.
- Ich bin Mitglied der Kirche, weil ich so aufgewachsen bin.

Der institutionelle Typ weist eine starke Wert-Bindung auf. Er identifiziert sich mit Überzeugungen, Werten und Zielen der Institution. Die Interessen- und Wahl-Bindung ist im Vergleich zu den anderen Mitgliedschafts-Typen schwach.

> «Die Vermittlung religiöser Orientierung gestaltet sich dort am effektivsten, wo es den Kirchen gelingt, unter ihren Mitgliedern eine normativ-soziale Beziehung zu erzeugen. Je stärker die emotionale Verbundenheit, desto effizienter wird christliche Glaubensverkündigung.» (Dubach)

Der rituelle Mitgliedschaftstyp mit hoher Kirchlichkeit

zeigt seine Wert- und Interessen-Bindung in der starken Zustimmung zu folgenden Aussagen:

- Die Kirche vertritt Werte, die mir persönlich wichtig sind.
- Die Kirche ist eine Gemeinschaft, die ich nötig habe.
- Ich bin Mitglied der Kirche und werde es wohl auch bleiben.
- Die Kirche spielt in der Kindererziehung eine wichtige Rolle.
- Ich bin Mitglied der Kirche, weil ich so aufgewachsen bin.
- Ich bin Mitglied der Kirche, weil man nie sagen kann, ob man die Kirche nicht einmal nötig haben wird.
- An der Kirche sind vor allem Taufe, Trauung und Beerdigung wichtig.

Der hochrituelle Typ weist die stärkste Wert- und Interessen-Bindung auf. Er bindet sich zugleich institutionell und rituell.

> Noch stärker als im institutionellen Mitgliedschafts-Typ verbindet Personen des hochrituellen Typs «eine traditionale, unreflektierte, unproblematisierte Mitgliedschaft.» Der Aussage «Ich bin Mitglied dieser Kirche, weil ich so aufgewachsen bin» stimmen 96% von ihnen zu. Nur 7% haben je an einen Kirchenaustritt gedacht. Religion ist stark mit Kirche verbunden. (Dubach)

Der rituelle Mitgliedschaftstyp mit loser Kirchlichkeit

zeigt seine Interessen-Bindung in der starken Zustimmung zu folgenden Aussagen:

- Ich bin Mitglied der Kirche, weil man nie sagen kann, ob man die Kirche nicht einmal nötig haben wird.
- An der Kirche sind vor allem Taufe, Trauung und Beerdigung wichtig.
- Ich bin Mitglied der Kirche, weil ich so aufgewachsen bin.

Der lose rituelle Typ ist bei der Wert-Bindung der vier Typen immer an dritter Stelle, bei der Interessen-Bindung immer an zweiter Stelle und bei der Wahl-Bindung an erster Stelle.

Der institutionelle und der hochrituelle Mitgliedschafts-Typ verkörpern die «Aussenlenkung durch gesellschaftliche Institutionen wie auch Respekt, Verbundenheit und Akzeptanz der Sitten und Regeln, die von der traditionellen Kultur bereitgestellt werden». Der lose rituelle und der generalisierte Typ verkörpern eine Haltung der Selbstentfaltung unabhängig von kollektiven Erwartungen und Zumutungen und «eine auf die eigene Person bezogene Innenlenkung». 30% der «Losrituellen» haben schon einmal an Kirchenaustritt gedacht. (Dubach)

Der generalisierte Mitgliedschaftstyp

zeigt seine Wahl-Bindung in der starken Zustimmung zu folgenden Aussagen:

- Ich kann auch ohne die Kirche an Gott glauben.
- Man muss nicht an den Veranstaltungen der Kirche teilnehmen, um Mitglied zu sein.

Der generalisierte Typ ist bei der Wert-Bindung immer an vierter Stelle, bei der Interessen-Bindung an dritter Stelle und am nächsten dem institutionellen Typ, bei der Wahl-Bindung an zweiter Stelle und am nächsten den «Losrituellen».

Das Motiv zur Mitgliedschaft des generalisierten Typs liegt nicht in der Identifikation mit den Werten der Institution, wie beim Typ 1, noch in der rituellen Befriedigung religiöser Bedürfnisse an Schwellen im Lebenszyklus, wie es bei den zwei rituellen Typen der Fall ist. Das Mitgliedschaftsmotiv richtet sich weniger auf die Person und ihre Situation, sondern eher sachlich auf den allgemeinen («generalisierten») Nutzen der Leistungen, welche die Institution Kirche für die Gesellschaft erbringt. Darum stimmen die «Generalisierten» stark der Aussage zu: «Dass ich Mitglied dieser Kirche bin, hat für mich eigentlich keine grosse Bedeutung.» 61% der «Generalisierten» haben schon einmal an Kirchenaustritt gedacht. Aber unter anderem die Einsicht in die sozial-diakonische Nützlichkeit der Kirchen hält sie von einem Austritt ab. (Dubach)

Zur Frage der Wiedertaufe

Auf die zuweilen auftauchende Frage der Wiedertaufe wird in diesem Band nicht näher eingegangen. Der Rat des Schweizerischen Evangelischen Kirchenbundes SEK-FEPS hat eine Broschüre zur Thematik herausgegeben:
Zur Frage der Wiedertaufe. Überlegungen und Empfehlungen des Rates des Schweizerischen Evanglischen Kirchenbundes SEK-FEPS. Bern. Institut für Theologie und Ethik ITE, 2004. ISBN 3-7229-6008-8
Sie kann über die Website www.sek-feps.ch bestellt oder als pdf-Datei heruntergeladen werden.

Die inhaltlichen Erwägungen begründen, weshalb die Wiedertaufe unbedingt abzulehnen ist und plädieren für eine differenzierte, pluriforme Taufpraxis. Diese soll die religiösen Anliegen, die hinter der Wiedertaufe stecken, durch andere Formen kirchlichen Handelns aufnehmen.

Seelsorge in speziellen Situationen

Taufe ist nicht nur ein Schönwetter-Thema, wenn ein lachender Säugling in den Armen einer strahlenden Patin liegt. Taufe ist konfrontiert mit allen Brüchen im Leben. Beziehungsprobleme, Schwangerschaftsdepression, Krankheit, Behinderung oder Kindstod lassen die Beteiligten verstummen oder aufschreien.
Gerade für oder in solch schweren Situationen können angepasste kirchliche Rituale zu Heil bringenden Zeichen der Ermutigung und Stärkung werden.

Peter Wilhelm

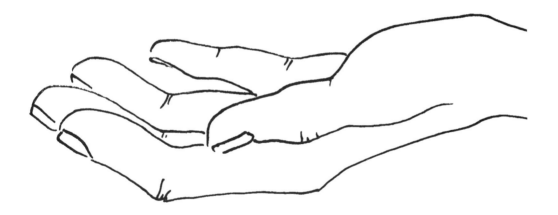

Ein Engel an der leeren Wiege

Dieser Beitrag folgt der «Handreichung der Evangelisch-lutherischen Kirche in Bayern zur seelsorgerlichen Begleitung bei Fehlgeburt, Totgeburt und plötzlichem Säuglingstod». Daniel Schmid hat ihn im Blick auf schweizerische Verhältnisse neu gefasst und ergänzt.

Die Schwangerschaft ist für Mutter und Vater eine intensiv erlebte Zeit: Die Einstellung auf das neu entstehende Leben, die sich verändernde Familiensituation, die Vorbereitung auf die Geburt bestimmen das Leben.

Aber nicht alle Schwangerschaften und Geburten verlaufen glücklich, nicht alle Neugeborenen kommen lebensfähig zur Welt. Die Erfahrungen von Eltern bei einer Fehl- oder Totgeburt, bei frühem Säuglingstod oder einer als notwendig erachteten Schwangerschaftsunterbrechung sind einschneidend. In solchen Situationen sehen sich Spitalpersonal und Seelsorger besonderen Herausforderungen gegenüber.

Umgang mit Tod im Umfeld von Schwangerschaft und Geburt

Gesellschaftliche Aspekte
Das Bewusstsein, dass die Natur und mit ihr das Leben und der Tod unverfügbar bleiben, war früher weitaus präsenter als heute. Es war üblich, eine Schwangerschaft nach aussen eher zu verbergen, man sprach höchstens davon, dass eine Frau «in guter Hoffnung» sei.

Geburtshilfe, Neonatologie, vorgeburtliche Diagnostik und Gynäkologie haben seit Mitte des 20. Jahrhunderts eine starke Entwicklung erlebt. In der Medizin scheint alles machbar. Viele Eltern wähnen sich in Sicherheiten, die es nicht gibt. Umso grösser ist der Schock, die Sprachlosigkeit, das Verschweigen und die Hilflosigkeit bei einem früh verlorenen Kind.
Das gesellschaftliche Umfeld ist gleichermassen überfordert. Dabei bedürfen gerade Väter und Mütter, deren Schwangerschaft nicht zur Geburt eines gesunden und lebensfähigen Kindes geführt hat, eines gesellschaftlichen Umfeldes, welches ihrer Trauer würdevoll begegnet, einfühlsam auf ihre Bedürfnisse eingeht und sie unterstützend in die Zukunft in einen neuen Lebensabschnitt ohne das verstorbene Kind begleitet.

Theologische Aspekte

«Jedes menschliche Leben erhält einen eigenen Wert und Sinn, indem Gott es schafft, ruft, achtet und liebt. Der Mensch hat eine unverlierbare Würde, weil Gott ihn berufen hat, sein Gegenüber zu sein, und ihn Jesus Christus unbedingt angenommen hat; ungeborene Kinder sind dabei mitgemeint.»[19]

Diese Aussage gründet auf einer langen biblischen[20] sowie theologischen Tradition[21], die sich auch mit Fragen zum Umgang mit Fehl- und Totgeburten befasst hat. Jeder Mensch ist von Gott angesprochen, und die liebevolle Annahme durch Jesus Christus gilt allen Menschen, unabhängig von Alter, Reife oder Fähigkeiten. So gilt der Zuspruch Gottes auch im Falle eines nicht lebensfähigen Kindes, einer Fehl- oder Totgeburt.

Was dieser Zuspruch in Bezug auf die Frage von Taufe, Nottaufe und Segnung bedeutet, wird in einem späteren Abschnitt dargestellt.

> Hat nicht, der mich erschuf, auch ihn erschaffen? Und Einer uns im Mutterschoss bereitet?
>
> *Hiob 31,15*
>
> Denn du hast meine Nieren geschaffen, hast mich gewoben im Mutterschoss. Ich danke dir, dass ich so herrlich bereitet bin, so wunderbar; wunderbar sind deine Werke. Meine Seele kanntest du wohl, mein Gebein war dir nicht geborgen, da ich im Dunkeln gebildet ward, kunstvoll gewirkt in Erdentiefen. Deine Augen sahen all meine Tage, in deinem Buche standen sie alle; sie wurden geschrieben, wurden gebildet, als noch keiner von ihnen da war.
>
> *Psalm 139,13–16*
>
> Noch ehe ich dich bildete im Mutterleibe, habe ich dich erwählt; ehe du aus dem Schosse hervorgingst, habe ich dich geweiht: zum Propheten für die Völker habe ich dich bestimmt.
>
> *Jeremia 1,5*

Kirchliche Aspekte

Glaube ist ein Geschenk Gottes, von Gott gewirkt. Dieser Glaube kann niemandem abgesprochen werden, auch wenn ein Kind nicht getauft ist. Folgerichtig ist eine Unterscheidung zwischen getauften und ungetauften Kindern im Falle ihres Todes nicht zu begründen, auch nicht in der Gestaltung der Bestattung.

---

[19] «Gott ist ein Freund des Lebens». Gemeinsame Erklärung des Rates der Evangelischen Kirche in Deutschland und der Deutschen Bischofskonferenz. Untertitel: Herausforderungen und Aufgaben beim Schutz des Lebens. Herausgegeben vom Kirchenamt der EKD und dem Sekretariat der Dt. Bischofskonferenz, Gütersloh 1989. S. 44.

[20] Siehe auch die Zusammenstellung auf S. 109 ff.

[21] Siehe auch die Antwort des Schweiz. Evangelischen Kirchenbundes SEK (August 2002) zur Vernehmlassung über das «Bundesgesetz über die Forschung an überzähligen Embryonen und embryonalen Stammzellen». www.sek.ch > Institut für Theologie und Ethik.

Totgeborenen und bald nach der Geburt verstorbenen Kindern ist daher mit gleichem Respekt zu begegnen, wie er allen Verstorbenen gegenüber angemessen ist. Darum besteht auch kein Zweifel am Recht einer kirchlichen Bestattung eines früh verstorbenenKindes. Für den notwendigen Trauerprozess von Eltern und Angehörigen ist die mit einem Ritual verbundene Bestattung von grosser Bedeutung.

Predigten aus dem frühen 17. Jahrhundert belegen, dass totgeborene mit getauften Kindern hinsichtlich der Bestattung gleichgestellt wurden. Damit brachte man die Wertschätzung der ungetauft verstorbenen Kinder als «vollwertige» Christen und Mitglieder der Gemeinschaft der Gläubigen zum Ausdruck.

Zum würdigen und situationsangepassten Umgang mit Tod im Umfeld von Schwangerschaft und Geburt braucht es Kenntnisse über
- die Ursachen und besonderen Umstände von Fehl- und Totgeburten, Schwangerschaftsabbruch und frühem Kindstod,
- Chancen und Risiken vorgeburtlicher Diagnostik,
- die physische und psychische Situation, in welcher sich Eltern (Mütter und Väter), Geschwister, Verwandte sowie das Betreuungspersonal befinden,
- die Möglichkeiten seelsorgerischer Betreuung,
- Bedeutung gemeinsamer Gestaltung von Ritualen und religiöser Begleitung,
- Beratungsangebote, Kontaktadressen, Literatur, Internetseiten, Diskussionsforen und Selbsthilfegruppen.

Status von Embryonen und Neugeborenen

Die Frage, ab wann einem Embryo die Menschenwürde zuerkannt werden soll, wird seit dem Mittelalter diskutiert. Die Auffassung, die Beseelung finde simultan mit der Verschmelzung von Ei- und Samenzelle statt, wurde zuerst von Tertullian[22] vertreten, ihr schloss sich Albertus Magnus[23] an, während Thomas von Aquin[24] von einem Stufenmodell der Beseelung ausging.

Aus heutiger christlicher Sicht hängt das Menschsein nicht von körperlichen oder seelisch-geistigen Eigenschaften oder Fähigkeiten ab. Vielmehr beruht das Personsein auf der Gottebenbildlichkeit des Menschen. Es liegt in dem, was der Mensch in Beziehung zu Gott ist, nämlich ein geschöpfliches Gegenüber, das in Gemeinschaft und Liebe mit Gott und den Menschen leben soll. Diese Beziehung stellt den Menschen in die Verantwortung, mit sich, seinen Mitgeschöpfen und der Umwelt fürsorglich umzugehen. Dies macht den Menschen zur Person mit Würde.

---

[22] Quintus Septimius Florens Tertullianus (* um 150; † um 230) war ein bedeutender, aber auch umstrittener früher Kirchenvater.

[23] Albertus Magnus (* um 1200; † 1280) war der erste grosse christliche Aristoteliker des Mittelalters.

[24] Thomas von Aquin (* um 1225; † 1274) gilt als einer der grössten Philosophen und Theologen der Geschichte.

Bei der Ultraschalluntersuchung können Eltern bereits ab der achten Schwangerschaftswoche das schlagende Herz und die Bewegungen ihres Kindes beobachten. Allerdings beginnt die subjektive Wahrnehmung des Kindes oft erst mit dem Verspüren seiner Bewegungen ab der 20. Schwangerschaftswoche. Mit zunehmender Durchführung pränataler Diagnostik kommt es zu einer nur bedingt akzeptierten Schwangerschaft: «Ich bin erst wirklich schwanger, wenn das Testergebnis gut ist…»

Wird eine genetisch bedingte Krankheit oder eine Missbildung festgestellt, ist heute die Wahrscheinlichkeit eines Schwangerschaftsabbruchs relativ gross. Dies kann auch zu einem relativ späten Zeitpunkt notwendig erscheinen. Das bedingt eine vorzeitige Geburtseinleitung, die Mutter muss das Kind gebären. Von Betroffenen wird diese Situation ähnlich wie eine Fehl- oder Totgeburt erlebt. Die Frage nach der ethischen Verantwortung stellt dann eine zusätzliche seelische Belastung dar.

Frühe Fehlgeburt
- Bis zur 12. Schwangerschaftswoche
- Das Kind ist nicht meldepflichtig und darf keinen amtlichen Namen tragen.
- Das Kind kann nach kantonalem Recht bestattet werden.

Späte Fehlgeburt
- Weniger als 500 Gramm oder nicht vollendete 22. Schwangerschaftswoche[25]
- Das Kind ist nicht meldepflichtig und darf keinen amtlichen Namen tragen.[26]
- Das Kind kann nach kantonalem Recht bestattet werden.[27]

Totgeburt
- Mindestens 500 Gramm oder vollendete 22. Schwangerschaftswoche
- Das Kind ist meldepflichtig und darf einen amtlichen Namen erhalten.
- Das Kind muss bestattet werden.

Zur Frage von Taufe und Segnung

Viele Eltern von fehl- oder totgeborenen Kindern wünschen sich eine Taufe und damit ein sichtbares Zeichen, dass ihr Kind von Gott angenommen ist. Eine theologische Auseinandersetzung, weshalb eine Taufe nicht möglich ist, ist in solchen Situationen wenig angebracht. Nach konfessionsübergreifendem Konsens ist die Taufe von Toten nicht möglich. Sie gilt den Lebenden; als geistliche Neugeburt aus dem Glauben setzt sie die Lebend-Geburt voraus.

---

[25] Schweizerische Zivilstandsverordnung, ZStV Art. 9.2

[26] Auf Wunsch ist es z.T. möglich, dass Eltern einem nicht meldepflichtigen Kind einen Namen geben und diesen ins Familienbuch eintragen können. Dies ist jedoch vom Entgegenkommen des jeweiligen Zivilstandsamtes abhängig und eher die Ausnahme.

[27] Nicht meldepflichtige Kinder können vielerorts auf speziellen Grabfeldern bestattet werden. Solche gibt es auf zahlreichen Friedhöfen in grösseren Städten. Ist kein solches Grabfeld vorhanden, gibt es immer mehr auch individuelle Lösungen, z.B. Kremation und Beigabe der Asche in ein bestehendes Grab der Familie. Viele Eltern suchen sich auch einen Platz in der Natur, um die Asche zu verstreuen.

Die Sorge von Eltern, ihr ungetauftes totes Kind werde von Gott abgelehnt, ist theologisch unbegründet. Dies glaubhaft und sensibel zu versichern, ist Aufgabe der seelsorgerischen Begleitung von betroffenen Müttern und Vätern.

An Stelle einer Taufe stehen viele Möglichkeiten von Ritualen zur Verfügung (Namensgebung, Segnung, Salbung, Abschied, Einsargung). Wichtig ist, Eltern nicht mit einem alternativlosen Nein allein zu lassen, sondern sie verständnisvoll und sensibel in ihren Bedürfnissen zu unterstützen. So kann jedes Ritual für Eltern und Angehörige zu einem Bekenntnis zu ihrem Kind als einem Geschöpf Gottes werden: Sie vertrauen es der Fürsorge seines Schöpfers und Erlösers für ein neues Leben an.

> Eltern von fehl- oder totgeborenen Kindern bedürfen genau dessen, wofür die Taufe steht:
> die Vergewisserung, dass
> - dieses Kind vor Gott einzigartig ist,
> - dieses Kind zur Gemeinschaft der Gläubigen gehört,
> - Kirche und Gesellschaft den Tod dieses Kindes als realen Verlust anerkennen,
> - die christliche Gemeinde die Hinterbliebenen unterstützt.

Bedeutung von Abschieds- und Trauerritualen

«Ein Abschiedsritual ist eine bewusst vorbereitete und vollzogene symbolische Handlung, die Gefühle und Gedanken des Trauernden ausdrückt.»[28]

In Abschieds- und Trauerritualen kann die Symbolsprache die Botschaft und Erfahrung christlichen Glaubens nachvollziehbar vermitteln; sie ist die eigentliche Sprache der Religion. Die existentielle Verunsicherung der Eltern, Geschwister und Angehörigen, sowie die Bedrohung des Kindes und sein Sterben werden in der symbolischen Handlung benannt und transzendiert und in den Zusammenhang der christlichen Hoffnung und Verheissung gestellt.

Die Bedeutung ritueller Begleitung wird zunehmend erkannt in den Spitälern, von Arzt- und Pflegepersonal und ist nicht mehr nur auf kirchliche Rituale beschränkt. Sie beginnt mit der ersten Annäherung von Mutter und Vater an ihr fehl- oder totgeborenes Kind, welche behutsam von der Hebamme begleitet wird. Rituelle Begleitung eröffnet Betroffenen den Raum, ihren Schmerz und ihre Trauer zu benennen und zu zeigen, und gibt ihnen die Gewissheit, darin ernst genommen zu werden. Dabei ist es wichtig, dass sensibel auf den physischen und psychischen Zustand der Betroffenen, ihre Vorstellungen, Wünsche und Bedürfnisse eingegangen wird.

---

[28] Nijs, Michaela: Trauern hat seine Zeit. Abschiedsrituale beim frühen Tod eines Kindes, Göttingen: Hogrefe 2003 (Reihe Psychosoziale Medizin)

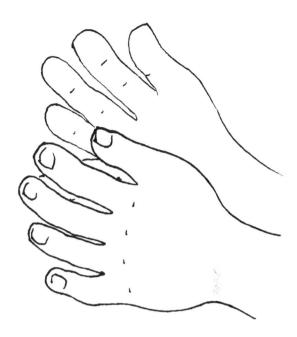

Gestaltung von Ritualen

Rituelle Handlungen sind dann hilfreich, wenn sie auf Wunsch der Betroffenen geschehen. Bleiben ihnen Handlungen und Gespräche fremd (oder werden ihnen gar aufgezwungen), können sie nachhaltige Störungen verursachen, auch in Bezug auf den christlichen Glauben. Bei gelungener Kommunikation mit den Betroffenen bringen Seelsorgerinnen und Seelsorger ihr professionelles Wissen um tradierte Formen ein und können diese der jeweiligen Situation sowie den Bedürfnissen der Trauernden entsprechend anpassen.

Den Verlust eines Kindes erleben die nächsten Angehörigen oft sehr nahe zu den betroffenen Eltern. Grosseltern, Geschwister, Patin und Pate sowie nahestehende Freunde haben sich mit den Eltern auf die Geburt vorbereitet und gefreut. Auch für sie heisst es, Abschied zu nehmen. Werden Sie zu einem Ritual eingeladen und in die Sorge um das Kind mit einbezogen, fällt es ihnen leichter, auf die betroffenen Eltern zuzugehen und ihnen in der Zeit der Trauer beizustehen.

Symbolische Elemente

- Erinnerungskerze: kann in Phasen intensiver Trauer, auch zum Geburts- oder Todestag angezündet werden.
- Geburtsurkunde in Verbindung mit einer Haarlocke, einem Hand- oder Fussabdruck, einer Foto, einem Tuch, in welches das Kind eingewickelt war: kann zu einem wichtigen Erinnerungselement für die wirkliche Existenz des Kindes werden.
- Bescheinigung der Namensgebung: Bestätigung, dass auch das fehl- oder totgeborene Kind zur Familie gehört.
- Patenbrief sowie Zeichnungen von Geschwistern für das tote Schwesterchen/ Brüderchen.

Rituelle Begleitung der Eltern nach einer Fehlgeburt, Totgeburt oder nach einer Abtreibung

Im Falle eines früh verlorenen Kindes ist die Mutterschaft als sozial anerkannte, neue Rolle nicht möglich und die künftige Situation unsicher. Manche Mütter und Väter verkraften den Verlust des erhofften Kindes nur schwer, die Partnerschaft ist grosser Belastung ausgesetzt und kann daran zerbrechen. Weil es im Umfeld solcher Krisenphänomene wenig Verständnis für die Trauersituation gibt, kann eine rituelle Begleitung durch die Seelsorgerin oder den Seelsorger eine wertvolle Begleitung durch die Kirche darstellen.

Es kann sinnvoll sein, der Mutter ein Heilungsritual, dem Paar einen Familiensegen anzubieten. Dies kann auch nach einer Abtreibung angebracht sein.

Die Fachstelle Fehlgeburt und perinataler Kindstod in Bern unterstützt Seelsorgerinnen und Seelsorger, Eltern, Hebammen und Ärztinnen und Ärzte durch Information, Vernetzung, Weiterbildung und Coaching. Sie publizierte die Broschüre «Wenn Geburt und Tod zusammenfallen», eine ökumenische Arbeitshilfe für Seelsorgerinnen und Seelsorger (siehe Literaturverzeichnis am Ende des Beitrages).

Moseskörbchen

Hebammen, Ärztinnen und Ärzten fällt es sehr schwer, den Eltern ein totes Neugeborenes in die Arme zu legen. Dies besonders dann, wenn es sehr klein ist oder Missbildungen sichtbar sind. Ein Moseskörbchen hilft, mit diesen Schwierigkeiten umzugehen.

Ein Weidenkörbchen nahm den neu geborenen Moses behütend und beschützend auf. Das Motiv des Behütens und Beschützens steht hinter der Idee des Moseskörbchens.

Es ermöglicht den Eltern, sich langsam ihrem toten Kind anzunähern, sich an es heranzutasten, um nicht völlig unvorbereitet mit ihm konfrontiert zu werden.

Das Moseskörbchen sollte einen Durchmesser von ca. 55–60 cm, eine Höhe von ca. 15–20 cm haben. Wichtig ist, dass es gut im Arm getragen werden kann. Mit einem Kissen wird das Moseskörbchen im Innern ausgebettet, das Kind wird in ein Tuch gehüllt – so können auch mögliche Deformationen sorgsam verhüllt werden. Das Körbchen kann neben oder auf das Bett gestellt werden, und die Eltern können nun nach eigenem Bedürfnis beginnen, das Tuch zu öffnen. Sie haben so viel Zeit, wie sie brauchen, sich mit ihrem Kind vertraut zu machen, sich ihm zu nähern, es anzusehen, zu berühren, auf den Arm zu nehmen, ohne unter Zeitdruck zu stehen. Damit ist der Weg für die Trauerarbeit geebnet.

Segnung und Salbung

Zu den Dimensionen seelsorgerlich-liturgischen Handelns gehören Segnung und Salbung. In ihnen wird das bedingungslose Anerkanntsein als Geschöpf Gottes und die Achtung vor der unverwechselbaren Biographie sichtbar und erfühlbar.

Einem distanzierten Beobachter mag der Lebensweg eines fehl- oder totgeborenen Kindes kurz erscheinen. Mutter und Vater aber haben eine gemeinsame Geschichte mit ihrem Kind. Es hat viel bewirkt und verändert, eine sehr nahe Beziehung ist entstanden. Besonders im Fall eines Schwangerschaftsabbruchs in Folge eines vorgeburtlich diagnostizierten Befundes ist das Beziehungsgeflecht sehr komplex, mit widersprüchlichen Gefühlen und häufig mit schweren Schuldgefühlen belastet. Eine Segenshandlung für die Trauernden und das sterbende oder verstorbene Kind kann helfen, diese Komplexität in das Licht biblischer Tradition[29] und christlichen Glaubens zu stellen.

Im *Segnungsritual* finden Eltern und Angehörige Trost; sie nehmen wahr, dass ihr Kind nicht einfach ins Nichts geht, sondern die Verheissung der Auferstehung auch ihm gilt und dass das verstorbene Kind vor Gott Gnade gefunden hat. Wenn ihnen diese Sorge genommen werden kann, gelingt es Eltern, ihr Kind loszulassen.

Im *Salbungsritual* kann das Salböl zum Symbol werden für die Annahme durch Gott und die Aufnahme in sein Reich. Die Salbungshandlung am kleinen Leichnam beruft sich als Ritual auf die Evangelien[30]. Das Salbungsritual kann ein sinnlicher und liebevoller Ausdruck der Würdigung des kleinen Individuums darstellen.

---

[29] Biblische Texte, auf die Bezug genommen werden kann, sind die Verheissung an den Erzvater Abraham (1. Mos 17,7), das Kinderevangelium (Mk 10,14) oder Texte wie Mt 18,14.

[30] Die drei Frauen gingen am Ostermorgen an das Grab Jesu, um seinen Leichnam mit kostbaren Ölen zu salben (Mk 16,1). Nikodemus liess den Leichnam Jesu vor der Bestattung salben (Joh 19,38–40).

Namensgebung

Durch die Namensgebung wird ein Mensch in seiner Individualität anerkannt. Für den Trauerprozess ist die Namensgebung von Bedeutung: Sein Aussprechen ist ein allmähliches Anerkennen der Realität des Kindes wie auch seines Verlustes.

Eine Mutter schreibt: *«Viele Leute denken wohl, was nicht gelebt hat, sei auch für uns nicht mehr existent und brauche keinen Namen.»* Dabei wird übersehen, dass für die Eltern das werdende und erwartete Kind schon längst eine Bezugsperson gewesen ist.

Elternmappe

In ihr können Erinnerungsstücke an das tote Kind gesammelt werden, welche als sinnlich vermittelnde Verbindung zu ihm im Trauerprozess wichtige Bedeutung erlangen können:

- ein Foto des Kindes allein (auf die Qualität sollte besonderen Wert gelegt werden)
- ein Foto des Kindes mit der Mutter, mit dem Vater sowie eventuell mit den Geschwistern und weiteren Familienangehörigen
- eine Haarlocke, eventuell ein Teil der Nabelschnur
- das Namensbändchen des Spitals, den Schwangerschafts-Pass
- Hand- und Fussabdrücke (mit Stempelkissen oder als Gipsabdruck)
- Urkunde oder Namensblatt mit allen wichtigen Daten des Kindes (Geburtszeit, Gewicht, Grösse, Name der Eltern etc.)
- Tauf- oder Segensurkunde mit biblischem Wort, einem Gebet sowie einem Gedicht
- das Tuch, in das das Kind eingewickelt war
- Briefe von Angehörigen und Paten an das tote Kind
- Tagebuch und weitere Aufzeichnungen der Eltern
- Zeichnungen von Geschwistern für das verstorbene Kind
- Informationen über Kontaktadressen, Beratungsstellen, Selbsthilfegruppen, Weblinks und Literaturhinweisen

Trauerfeier und kirchliche Beerdigung

Beerdigung und Trauerfeier sind für viele Menschen mit tiefen Emotionen verbunden – auch für nicht unmittelbar Betroffene. Bei der Bestattung von Kindern werden Trauer, Ohnmacht, Liebe und Sinnfrage verstärkt wahrgenommen. Eine Mutter berichtet: *«Es war ein letzter gemeinsamer Weg, das erste und einzige Mal, dass Hans seine Tochter getragen hat ... Zwei verzweifelt weinende Menschen vor einem endlos tiefen Loch; es sieht aus wie ein grosser, schreiender Mund.»*

Da ist es besonders wichtig, die Wertschätzung des verlorenen Kindes und seine Würde durch einfühlsame und individuelle Gestaltung der Trauerfeier zu betonen. Die soziale Anerkennung des Verlusts und der Trauer ist von grosser Bedeutung für die Verarbeitung des psychischen Schmerzes. Dieser Schmerz wird nicht nur von den Eltern und allfälligen Geschwistern empfunden, auch Angehörige, Patin und Pate, selbst das medizinische Fachpersonal werden betroffen. So ist im Blick auf die Gestaltung einer Trauerfeier darüber nachzudenken, ob der Kreis der Abschiednehmenden weit gefasst werden soll.

Für den Trauerprozess ist es wichtig, dass Eltern und Angehörige die letzte Ruhestätte ihres Kindes besuchen können. Eltern berichten davon, wie das Grab ihres früh verstorbenen Kindes zum Ersatz für das Kinderzimmer wurde. Inmitten ihrer Trauer können Eltern die Bedeutung ihrer Entscheidung für die Art der Beisetzung (Kremation, Beisetzung in einem Gemeinschafts- oder Kindergrab, ev. im Grab von früher verstorbenen Familienangehörigen) oft nicht genau bedenken. An dieser Schwelle des Lebens können Pfarrerinnen und Pfarrer mit einer einfühlsamen Beratung wertvolle Unterstützung bieten.

Erinnerungsstätten für früh verstorbene Kinder
Das Bestattungswesen ist in der Schweiz Sache der politischen Gemeinde[31]. Seelsorgerinnen und Seelsorger können sich gemeinsam mit den kirchlichen Behörden einsetzen für die Schaffung von Erinnerungsstätten für verstorbene Kinder auf dem örtlichen Friedhof:
- Individuell gestaltete Belegzeit von Kindergräbern, wenn Eltern dies wünschen
- Gemeinschaftsgrab
- Pflege eines Beetes, auf dem, wenn keine Bestattung stattfindet, eine Rose gepflanzt oder die Asche ausgestreut werden kann
- Schaffung eines künstlerisch gestalteten Platzes, der friedvolle Einkehr ermöglicht, etwa mit einem Erinnerungsstein

Friedhof Nordheim, Zürich:
Gemeinschaftsgrab für die ganz Kleinen
Im Gemeinschaftsgrab für die ganz Kleinen werden tot geborene oder kurz nach der Geburt verstorbene Kinder beigesetzt, deren Eltern keine individuelle Einzelbestattung gewünscht haben.

---

[31] Früher waren die Friedhöfe um die Kirche angelegt und gehörten zu dieser Kirche. Es wurde im Kirchhof nur beerdigt, wer zu dieser Kirche gehörte. Seit der Bundesverfassung von 1874 sind die Friedhöfe an den Staat übergegangen. Jeder Mensch erhielt das Recht auf eine schickliche Bestattung. Dies bedeutet, dass alle Menschen das Recht auf ein Grab in einem Friedhof haben. Die kantonalzürcherische Verordnung über Bestattungen legt die allgemeine Ruhefrist auf mindestens 20 Jahre fest (auch für Kindergräber).
In der Stadt Zürich ist für die Beisetzung das Bestattungsamt zuständig, in den übrigen Gemeinden das Zivilstandsamt. Für die Beisetzung von kleinen Kindern steht seit Sommer 2003 das Gemeinschaftsgrab für die ganz Kleinen im Friedhof Nordheim zur Verfügung. Auf den meisten Friedhöfen werden auch Kinder-Reihengräber abgegeben.

Die Erfahrung zeigt, dass sich das Gemeinschaftsgrab zu einer lebendigen Begegnungsstätte für Eltern mit gleichem Schicksal entwickelte.

Bestattungskosten: Für die Pflege wird eine einmalige Gebühr von 200 Franken in Rechnung gestellt.

Auswärtige zahlen zudem für den Grabplatz 400 Franken.
Eine Namensinschrift auf dem weissen Marmorstein ist möglich und kostet rund 300 Franken.

Bepflanzung: keine individuelle Bepflanzung möglich

Grabdauer: Mindestens 20 Jahre

Information: Bestattungs- und Friedhofamt der Stadt Zürich, www.stadtzuerich.ch/bestattungsamt

Gedächtnisfeier und Gedenkgottesdienst

Für Mütter und Väter ist das erste Jahr nach einer Fehl- oder Totgeburt besonders schwer. Bestimmte Ereignisse während der Schwangerschaft, Geburtstage in der Familie, kirchliche Festzeiten (besonders Advents- und Weihnachtszeit) belasten enorm. Ein Trauerprozess braucht Zeit, die das Umfeld manchmal nicht gewähren kann. Individuell – oft auch nur im kleinsten Kreis – gestaltete Gedächtnisfeiern können helfen, mit der Trauer positiv umzugehen.

Kirchgemeinden und Selbsthilfegruppen laden mancherorts zu Gedenkgottesdiensten ein. Eine sorgfältige Planung unter Einbezug der Betroffenen wird aufzeigen, ob die Feier bewusst überkonfessionell oder interreligiös gestaltet werden soll und kann. Wird im Rahmen des Gottesdienstes am Ewigkeitssonntag frühverstorbener Kinder gedacht, ist mit dem Persönlichkeitsschutz der Eltern sorgsam umzugehen. Anlässlich eines Vorbereitungsgespräches – als offener Abend gestaltet für alle Gemeindemitglieder, die während dem zurückliegenden Jahr Angehörige verloren haben – oder eines Hausbesuches können Seelsorgerinnen und Seelsorger diese öffentliche Namensnennung thematisieren.

Seelsorge in speziellen Situationen

Im gesellschaftlichen wie im kirchlichen Leben werden Erfahrungen mit Schwangerschaften, die mit einer Fehl- oder Totgeburt oder einem Schwangerschaftsabbruch enden, selten thematisiert. Dies entspricht jedoch nicht ihrer faktischen Häufigkeit. Mehr Mütter und Väter als allgemein angenommen, sind von solchen Erfahrungen betroffen[32].

---

32 In der Schweiz geht man von ca. 0,4% perinatalen Sterbefällen aus (Totgeborene und im Alter bis unter sieben Tage Gestorbene).

Das seelsorgerische Angebot soll vorsichtig erfolgen, in der ersten Schocksituation ist es problematisch, ein Gespräch zu führen. Sprachlosigkeit, Müdigkeit, psychische und physische Erschöpfung können die Atmosphäre prägen.

Es kann auch vorkommen, dass die Mutter oder der Vater wütend und aggressiv sind und ihre Emotionen auf das seelsorgerische Gegenüber projizieren. Dann ist wichtig, nicht zu diskutieren, sondern verständnisvoll hinzuhören. Die Seelsorgerin/ der Seelsorger soll darauf vorbereitet sein. Sie sollten sich der eigenen Emotionen bewusst sein und diese allenfalls auch benennen, ohne sie in den Vordergrund zu stellen.

Wird ein Gebet erwünscht, sollte allein die Situation vor Gott gebracht werden: Die Enttäuschung, die Trostlosigkeit, die Ratlosigkeit, die Sprachlosigkeit, die Ohnmacht. Steht der Mutter noch eine Operation oder ein anderer Eingriff bevor, ist es sinnvoll, dies in einer Fürbitte vorzubringen.

Gebet

Gott, dieser Schmerz geht über unsere Kräfte. Wie soll das Leben weitergehen? Der Abschied tut so fürchterlich weh.

Wir haben soviel geplant, gehofft und erwartet. Wie soll es weitergehen – was bleibt uns denn noch? Lass uns wenigstens den Anfang einer Antwort finden.

Gib uns Kraft, damit wir durchhalten – geh mit uns auf unserem Weg.

Amen.

Rituale in speziellen Situationen

Taufritual für ein Kind mit kurzer Lebenserwartung

Muss mit einer kurzen Lebenserwartung des Neugeborenen gerechnet werden, ist auf Wunsch der Eltern die Taufe im Spital (früher auch als «Nottaufe» bezeichnet) angezeigt. Nach reformatorischem Verständnis ist grundsätzlich jede Christin, jeder Christ autorisiert, zu taufen. Ist also keine Pfarrerin oder kein Pfarrer erreichbar, kann jede anwesende Person das noch lebende Kind taufen.

L: = Liturgin/Liturg (handelnde Person, Hebamme, Arzt etc.)
E: = Eltern
A: = Alle
(Name) = Name des Kindes

Einleitung

Vorspruch L: Christus spricht:
Kommt her zu mir alle, die ihr mühselig und beladen seid. Ich will euch erquicken.

Gebet   *der Eltern oder einer anderen Person an Stelle der Eltern*
(die Situation benennen)

E: Du, unser Gott
Wir haben Angst um das Leben unseres Kindes.
Wir haben uns auf unser Kind gefreut und sind nun voller Sorge.
Es ist gerade erst zur Welt gekommen und doch so schwach.
Wir können es kaum glauben und fragen: Wie sollen wir das verstehen?
Gott, wir wissen, ihr/sein Leben hat in deinen Augen den gleichen Wert wie das jedes anderen Geschöpfs.
Wir bitten dich für das Leben von (Name),
dass du sie/ihn schützend in deine Hand nimmst.
Wir danken dir, dass du (Name) im Leben und – wenn es sein muss, auch im Tod – als dein Kind annimmst und segnest.
Amen

Taufe

Tauffrage L: Wollen Sie, dass (Name) im Namen Gottes, des Vaters und des Sohnes und des Heiligen Geistes getauft wird?
So antworten Sie: Ja

E: Ja

Taufe   L: (Name) ich taufe dich im Namen Gottes, des Vaters und des Sohnes und des Heiligen Geistes.

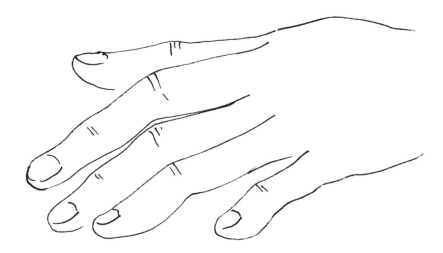

Segenswort *mit Handauflegung (Anerkennung als Kind Gottes)*
L: (Name), Gott sagt zu dir:
Du bist in meinen Augen teuer und wertgeachtet. Ich bin bei dir,
denn du bist mein Kind.

Entzünden der Taufkerze

Fürbitte *Rückführung der Eltern in die bedrohende Situation*
L: Gott, wir bitten Dich für (Name) und für ihre/seine Eltern:
dass die Eltern Schmerz und Angst aushalten,
dass sie ihren Mut nicht verlieren,
dass sie nicht verzweifeln,
sondern das Vertrauen zum Lieben wieder finden
und Menschen begegnen, mit denen sie ihre Fragen teilen
können.
Jesus, Du hast versprochen:
Siehe, ich bin das Licht der Welt.
Wer an mich glaubt, soll nicht im Finstern wandeln.
Darum bitten wir Dich:
lass uns nicht im Finstern wandeln.

Unser Vater
A: Unser Vater …

Segen *für das Kind, die Eltern und alle Anwesenden*
L: Gott segne euch und behüte euch.
Gott lasse sein Angesicht leuchten über euch und sei euch
gnädig.
Gott erhebe sein Angesicht auf euch und gebe euch Frieden.
Amen.

Namensgebungsritual

Das Ritual folgt einer *naming ceremony* von Pfarrerin Sabine Gries. Die liturgischen Elemente werden den verschiedenen Trauerphasen zugeordnet, die manchmal alle gleichzeitig in Erscheinung treten. Die Texte helfen, die Emotionen der Eltern und Angehörigen, des Betreuungspersonals, aber auch der Seelsorgerin/des Seelsorgers zu ordnen und vor Gott zu bringen. Wo es möglich ist oder gewünscht wird, können die Anwesenden in das liturgische Handeln einbezogen werden: Indem sie einen Textteil sprechen, ein eigenes Gebetsanliegen formulieren, Kerzen entzünden, über dem Kind das Kreuz zeichnen.

Eingang   L: Wir sind zusammengekommen um dieses Kind aufzunehmen als Teil unseres Lebens.
Wir übergeben es Gott, der ihm das ewige Leben schenkt.
Es übersteigt unsere Kraft, dass wir unserer/unserem (Name) gleichzeitig Willkommen und Lebewohl sagen müssen, und dass unsere gemeinsame Zeit nur so kurz sein darf.

Besinnung   (Verlust und Schock wahrnehmen)
E/L: Nur einmal hätte ich dich zur späten Abendstunde in meinen Armen wiegen wollen.
Nur einmal hätte ich dich sanft in deine Wiege legen wollen.
Ich wünschte, ich könnte deine Windeln wechseln und dich baden.
Nur einmal.
Ich wünschte, ich hätte etwas Zeit mit dir verbringen können ganz allein.
Nur einmal.

Gebet   (Empfindungen des Verlustes, Verdrängung, Wut, Traurigkeit …)
L: Gott, in diesem Moment ist es schwer, Deine Wege zu verstehen.
Wir haben keine Antwort auf die Frage nach dem Warum.
Wir sind (traurig, wütend, hilflos, sprachlos, ohnmächtig, …)
Wir brauchen Deine Nähe, jetzt, in diesem Moment.
Wir wissen, Du meinst es gut mit uns.
Jeder Mensch hat einen Platz in deinem Herzen.
Du hast gesagt:
«Fürchte dich nicht, denn ich habe dich erlöst.
Ich habe dich bei deinem Namen gerufen; du bist mein!»

Namensgebung

L: Gott, Du hast das kleine Kind von (Eltern/Mutter/Vater) bei seinem Namen gerufen.
Wie soll sie/er heissen? (Frage an die Eltern/Mutter/Vater)

E: Unser/mein Kind soll (Name des Kindes) heissen

L: (Kreuzeszeichen auf die Stirn des Kindes)

Im Namen des Vaters, der alles Leben geschaffen hat.
Im Namen des Sohnes, der uns hilft, Gott zu verstehen.
Im Namen des Heiligen Geistes, der uns hält und tröstet in unserem Leid.
Wenn wir über (Name) das Kreuz zeichnen, bedeutet dies:
Er/sie gehört zu Gott und seinem himmlischen Reich.
(Auch die Eltern und Umstehenden können das Kind mit dem Kreuzeszeichen segnen)

Unser Vater

A: Unser Vater …

Lesung des Kinderevangeliums

L: Jesus sagte zu seinen Jüngern:
«Lasst die Kinder zu mir kommen; hindert sie nicht daran! Denn Menschen wie ihnen gehört das Reich Gottes. Amen, das sage ich euch: Wer das Reich Gottes nicht annimmt wie ein Kind, der wird nicht hineinkommen. Und er nahm die Kinder in seine Arme; dann legte er ihnen die Hände auf und segnete sie.»[33]

Segen

(Ausblick auf den kommenden Weg)
L: Der Friede und der Segen Gottes sei mit (Name) (Kind, Eltern und allen, die sich im Raum befinden).
Gott sei mit euch, begleite euch und tröste euch.
Amen.

Segnungs- und Salbungsritual

Eingang

L: «Gott, bleibe bei uns, denn es will Abend werden und der Tag hat sich geneigt.»[34]

Luzernar

Das Anzünden einer Kerze ist Symbol für die Gegenwart Gottes.
L: Sei hier zugegen, Licht unseres Lebens.
Sei hier zugegen, in unserer Mitte.

Mach unsre Sinne wach für dein Kommen.
Zeig deine Nähe, damit wir dich spüren.
Weck deine Stärke, komm und befreie uns.[35]

---

[33] Mk 10,14–16
[34] Lk 24,29
[35] Lothar Zenetti in: Neues Evangelisches Pastorale. Gütersloh 2005, S. 165

Hier könnte das Namensgebungsritual eingefügt werden

Hinführung

L: Wir beklagen den Tod von (Name).
Gott,
wir geben uns ganz in deine Hände
wir bitten um Stärke, um Heilung und um Liebe
wir bitten um Trost im Schmerz der Trauer
wir bitten um Hoffnung im Angesicht der Verzweiflung.

Gebet   L: Psalm 23

Lesung   Kinderevangelium, Mk 10,14–16

Segnung L: (Name), du wirst gesegnet (und gesalbt mit Öl)
im Namen von Jesus Christus, der die Kinder in die Arme schloss
und die Kleinsten segnete.
Ihm vertrauen wir dich an, damit er auch dich in die Arme nehme.

*Die Seelsorgerin/der Seelsorger legt in der Stille dem Kind die
Hände auf.*
*Wird das Kind gesalbt, taucht sie/er einen Finger in ein Schälchen
mit wohlriechendem Öl und zeichnet dem Kind das Zeichen des
Kreuzes auf die Stirn und gegebenenfalls auf beide Hände.
Möglicherweise hilft es den Eltern und weiteren Anwesenden, das
Kind ebenfalls zu salben. – Auch wenn es schwierig sein mag
und Tränen fliessen, soll dem Ritual viel Zeit und Ruhe eingeräumt
werden.*

L: Es segne dich Gott der Vater, der dich erschaffen hat.
Es segne dich Gott der Sohn, der mit dir vom Tod zur
Auferstehung geht.
Es segne dich Gott der Heilige Geist, der dich und uns verbindet
durch das Band der Liebe.

Fürbitte   *für die Mutter, die Eltern, die Angehörigen, die Hebamme und
weitere Anwesende*
L: Gott, guter Hirt,
nun hältst Du (Name) in Deinen Armen.
Wir bitten Dich für ihre/seine Mutter/Vater/Eltern
(Geschwister, Grosseltern, Paten, Hebamme, etc.).
Heile die Wunden in ihrem/ihren Herzen.
Gib ihrem Leben neuen Sinn und neuen Frieden.
Stärke ihren Glauben und schenke ihnen neue Hoffnung.
Schenke uns allen deine Zuneigung in der Zeit der Trauer.

Unser Vater

A: Unser Vater …

Segen   Aaronitischer Segen[36]

L: «Gott segne dich und behüte dich.
Gott lasse sein Angesicht leuchten über dir und sei dir gnädig.
Gott erhebe sein Angesicht auf dich und gebe dir Frieden.»
Amen.

Biblische Texte

Eine Einführung zu Fehl- und Totgeburt in Texten der Bibel gibt Hanna Strack in: «Ich trage dich in meinem Herzen»[37]

- 2. Mose 23,35f: Wie Gott die Menschen segnen wird
  (aus der Zeit der Landnahme)
- 2. Samuel 12,16f: Davids Klage über den Tod des Kindes mit Batseba
  (Thematisierung von Schuldgefühlen)
- Hiob 2: Wie Hiob mit dem Verlust seiner Kinder umging und wie ihn seine Freunde
  in der Trauer begleiteten
  (zum Verständnis der Trauerphasen)
- Hiob 6,1–3: Hiobs Klage über die Last des Lebens
- Hiob 7,3–4.13–16: Die Not des Lebens und die unbegreifliche Heimsuchung
- Psalm 22 (Auszüge): Mein Gott, warum hast du mich verlassen
- Psalm 25 (Auszüge)
- Psalm 39,5–8.13
- Psalm 91,11ff
- Psalm 139 (Auszüge): Paradoxe, widerstreitende Gefühle
- Prediger Salomo 3,1–11: Alles hat seine Zeit
- Prediger Salomo 7,3: Trauern ist besser als Lachen, denn durch Trauern wird das
  Herz gebessert
- Hosea 6,1–2: Zuversicht nach Verwundung
- Matthäus 12,1–4.10–11: Der Menschensohn ist gekommen, selig zu machen,
  was verloren ist
- Markus 5,21–42: Die Heilung der Tochter des Jairus
- Markus 10,13–16: Kinderevangelium
- Markus 15,34: Mein Gott, warum hast du mich verlassen?
- Lukas 6,21: Seligpreisung der jetzt Weinenden
- Römer 8,38: Nichts kann uns trennen von der Liebe Gottes

---

[36] 4. Mos 6,24–26
[37] Susanne Schniering (Hrsg.): Ich trage dich in meinem Herzen. Der Gedenkplatz für nicht beerdigte
Kinder in Ohlsdorf, Pinnow 2001

Kontakte

Informationen zur pränatalen Diagnostik, Vermittlung von Beratungen, Vernetzung von Betroffenen

- Fachstelle Fehlgeburt und perinataler Kindstod
  www.fpk.ch
- Schweiz. Vereinigung Pro Infirmis
  www.proinfirmis.ch
- Verein Ganzheitliche Beratung und kritische Information zu pränataler Diagnostik
  www.praenatal-diagnostik.ch

Links im Web (Auswahl)

Schweiz

- www.engelskinder.ch
- www.forum-geburt.ch
- www.geburtsverarbeitung.ch
- www.hebamme.ch
- www.kinderwunsch.ch
- www.muetterberatung.ch
- www.praenatal-diagnostik.ch
- www.swissfamily.ch
- www.swissmom.ch

Deutschland

- www.anencephalie-info.org/links.htm
- www.eltern.de
- www.kindergrab.de
- www.leona-ev.de (Verein für chromosomal geschädigte Kinder)
- www.muschel.net
- www.schmetterlingskinder.de

Literatur

- Manfred Beutel: Der frühe Verlust eines Kindes. Bewältigung und Hilfe bei Fehl-, Totgeburt und plötzlichem Kindstod, Göttingen 02 (Reihe Psychosoziale Medizin – Bd. 2)
- Jorgos Canacakis: Ich sehe deine Tränen. Trauern, Klagen, Leben können. Stuttgart 1987 (besonders Seiten 182–186)
- Fanny Dethloff-Schimmer (Hrsg.): Seelsorgerliche und homiletische Hilfen beim Tod eines Kindes. Gütersloh 1996
- E. Domay, H. Köhler (Hrsg.): der gottesdienst. Liturgische Texte in gerechter Sprache, Band 2: Das Abendmahl / Die Kasualien. Gütersloh 1998
- Kirsten Fiedler, Richard Riess (Hrsg.): Die verletzlichen Jahre. Handbuch zur Beratung und Seelsorge an Kindern und Jugendlichen. Gütersloh 1993
- Karin von Flüe: Im Reinen mit den letzten Dingen. Ein Ratgeber rund um den Todesfall. Beobachter-Buchverlag 2004
  (Das Handbuch beantwortet finanzielle, rechtliche und organisatorische Fragen; es zeigt, wie sich die letzten Dinge regeln lassen und hilft Menschen, die einen Todesfall bewältigen müssen.)
- Detlef Hecking, Clara Moser Brassel: Wenn Geburt und Tod zusammenfallen. Ökumenische Arbeitshilfe für Seelsorgerinnen und Seelsorger bei Fehlgeburt und perinatalem Kindstod. Zürich: Editon NZN bei TVZ 2006
- Angela Körner-Armbruster: Totgeburt weiblich. Ein Abschied ohne Begrüssung. Tübingen 1962
- Hanna Lothrop: Gute Hoffnung – jähes Ende. Fehlgeburt, Totgeburt und Verluste in der frühen Lebenszeit. Begleitung und neue Hoffnung für Eltern. München 1998
- Gottfried Lutz, Barbara Künzer-Riebel (Hrsg.): Nur ein Hauch von Leben. Eltern berichten vom Tod ihres Babys und von der Zeit ihrer Trauer. Lahr 1988
- Joachim Müller-Lange (Hrsg.): Handbuch Notfallseelsorge. Wien 2001.
  Darin Wolfgang Heinemann: Glücklose Schwangerschaft (Seiten 94–104) und Jürgen Schramm, Silvia Rollmann, Klaus-St. Saternus: Plötzlicher Säuglingstod. Empfehlung zum Umgang mit betroffenen Eltern und Geschwistern in der Akutsituation (Seiten 104–116)
- Michaela Nijs: Trauern hat seine Zeit. Abschiedsrituale beim frühen Tod eines Kindes. Göttingen 2003 (Reihe Psychosoziale Medizin)
- Heidi Rinnhofer (Hrsg.): Hoffnung für eine Handvoll Leben. Eltern von Frühgeborenen berichten. Harald Fischer Verlag Erlangen 1995
- Susanne Schniering (Hrsg.): Ich trage dich in meinem Herzen. Gedenkplatz für nicht beerdigte Kinder in Ohlsdorf. Pinnow 2001.

- Caroline Stoller: Eine unvollkommene Schwangerschaft. Theologischer Verlag Zürich 1996
- Ursula Goldmann-Posch: Wenn Mütter trauern. Erinnerungen an das verlorene Kind. Kindler-Verlag München 1988

TEIL II
TAUFE FEIERN

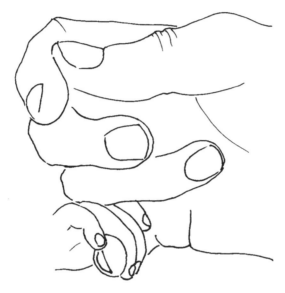

Beteiligung von Eltern und Taufpaten
bei der Vorbereitung und Durchführung der Taufe

Gesprächsthemen für das Taufgespräch mit Eltern und Paten
– eine anregende Liste

Tauf-Gottesdienste im Rahmen des kirchlichen Unterrichts

Tauffeiern
- Beispiel 1: Taufe im Rahmen eines Kleinkinder-Gottesdienstes
- Beispiel 2: Taufgottesdienst für «Chlii und Gross» mit einer Unterrichtsklasse
- Beispiel 3: Feier mit Taufe zum Ostermorgen
- Beispiel 4: Gottesdienst zum neuen Unterrichtsjahr mit Taufe im See
- Beispiel 5: Gottesdienst mit Taufe und Predigt zum Thema Patenschaft

Tauferinnerung
- Beispiel 6: Gottesdienst zur Taufvergegenwärtigung

Tauforientierter Gemeindeaufbau
- Was ist TOGA
- Wie kann TOGA in der Kirchgemeinde eingeführt werden?
- Drei Beispiele

Beteiligung von Eltern und Taufpaten bei der Vorbereitung und Durchführung der Taufe

Christoph Müller

Dieser Aufsatz erschien bereits in Theologia Practica 23. Jg. (1988) Heft 2, S. 115–123, ISSN 0720-9525
Der Autor weist im anschliessenden Nachtrag auf einige Punkte hin, die er heute stärker gewichten würde.

Über lange Jahre gehörten Taufbesuche und Tauffeiern zu den pfarramtlichen Aufgaben[38], die ich sehr oft widerwillig, mit schlechtem Gewissen und einer Neigung zu abschätzigen Bemerkungen ausübte.

Dies hat sich ganz erheblich geändert, seitdem ich die Taufgespräche nicht mehr der Gunst oder Ungunst der jeweiligen Stunde überlasse – oder so lange hinausschiebe, bis nur noch die freundliche Erledigung von Formalitäten übrig bleibt. Ich teile den Eltern beim ersten Anruf bzw. der ersten Kontaktaufnahme mit, dass ich ihnen für das Taufgespräch einige Unterlagen zustelle – nämlich verschiedene Texte, die ihnen ermöglichen, sich auf das Gespräch einzustellen und soweit vorzubereiten, wie sie das möchten. Ich erläutere ihnen auch gleich, worum es sich bei diesen Papieren handelt. Hinweise von Eltern haben mich darauf aufmerksam gemacht, dass die vorgängige mündliche und persönliche Erläuterung der Unterlagen die Befürchtung ausschliesst, es seien Hausaufgaben im Blick auf ein Prüfungsgespräch zu absolvieren. Im Begleitbrief nehme ich diese Erläuterungen nochmals auf.

Diese mit wenig zusätzlichem Aufwand verbundene Vorbereitung der Taufgespräche hat das ganze damit verbundene Kommunikationsfeld in einem erstaunlich tief greifenden Mass beeinflusst. Zahlreiche spontane Reaktionen aus Taufgesellschaften und der Gemeinde haben mir dies bestätigt. Eingehende Diskussionen mit Eltern, Paten, Gemeindegliedern und Pfarrern über ihre Erfahrungen mit der weit herum üblichen Praxis der Taufgespräche zeigten deutlich, wie notwendig eine sorgfältigere Vorbereitung und Gestaltung dieser Gespräche ist. Beobachtungen, Reflexionen und Erfahrungsberichte aus verschiedenen Kirchen[39] lassen keinen Zweifel daran, dass es unumgänglich ist, neue Wege zu suchen.

---

[38] Als Pfarrer einer grossen Stadtgemeinde (13 Kollegen) mit einer in verschiedener Hinsicht sehr gemischten Bevölkerung.

[39] Vgl. z.B. Chr. Lienemann-Perrin (Hg.): Taufe und Kirchenzugehörigkeit. Studien zur Bedeutung der Taufe für Verkündigung, Gestalt und Ordnung der Kirche, München 1983, S. 17ff, 41ff, 444ff; bereits vor einiger Zeit: Chr. Gäbler/Chr. Schmid/P. Siber: Taufgespräche in Elterngruppen. Überlegungen, Gestaltungsvorschläge, Informationen, Zürich 1976, S. 13ff; D. Emeis: DieTaufe, in: H.-D. Bastian/D. Emeis/P. Kruschel/K.-H. Lütcke: Taufe, Trauung und Begräbnis. Didaktischer Leitfaden zum kirchlichen Handeln (Gesellschaft und Theologie: Abt. Praxis der Kirche 29) München/Mainz 1978, S. 15–66.

Ich erläutere zuerst die den Eltern zugestellten Unterlagen und schliesse jeweils eine Zusammenfassung wichtiger Erfahrungen an (1). Von hier aus werden Schwierigkeiten und Fallen der üblichen Praxis noch präziser fassbar (2). Einige Hinweise zur Hermeneutik des Taufkasus sollen den weiteren Kontext benennen, innerhalb dessen sich die Vorschläge zur Veränderung der Taufgesprächspraxis bewegen (3).

Wenn im folgenden von Gesprächen mit den *Eltern* die Rede ist, nehme ich den Tatbestand auf, dass meistens (sofern es sich nicht um Alleinerziehende handelt) beide Elternteile beteiligt sind; bei der Bestimmung der Termine lege ich Wert darauf, dass dies möglich ist. Ich schlage dabei auch vor, dass Paten am Gespräch teilnehmen, was freilich bis jetzt nur bei etwa einem Drittel der Begegnungen zustande kam. Die Paten dankten dann sehr oft für die Gelegenheit, bereits hier am Taufgeschehen teilnehmen zu können. Ich halte es deshalb für sinnvoll, auf den Einbezug der Paten mehr Gewicht zu legen. Organisatorische Schwierigkeiten sind meistens zu lösen, wenn es um etwas geht, das einem wichtig ist – und wichtig wird.

Ich habe darauf bestanden, nur Taufen zu übernehmen, bei denen ich auch das Taufgespräch führe. Das ist durch eine klare Orientierung der Gemeindeglieder und die Absprache unter den Kollegen selbst in einer grossen Stadtgemeinde durchaus praktikabel.

Ich beschränke mich im Folgenden auf die Gestaltung der Taufgespräche des Pfarrers/der Pfarrerin mit einem Elternpaar (und den Paten). Sicher können auch andere Formen des Taufgesprächs, z. B. in Elterngruppen[40] oder mit einer Begleitgruppe von Gemeindegliedern[41] sinnvoll werden.

1 Chancen und Möglichkeiten des vorbereiteten Taufgesprächs

Ich skizziere jeweils kurz den Inhalt der den Eltern vorgängig zugestellten Unterlagen und berichte über die damit gemachten Erfahrungen.

Taufsprüche

Aus einer Liste von ca. 50 Taufsprüchen (in unterschiedlichen Übersetzungen, aus AT und NT) können die Eltern den Spruch aussuchen, der sie im Blick auf ihr Kind und ihre eigene Situation am stärksten anspricht. Selbstverständlich kann auch eine Bibelstelle gewählt werden, die noch nicht auf der Liste ist (so ergänze ich die Zusammenstellung immer wieder).

---

[40] Wegweisend ist hierfür Chr. Gäbler u.a.: a.a.O., bes. S. 23, 33ff. Die Skizzierung der erheblichen Vorteile gegenüber dem Einzelgespräch (vgl. a.a.O., S. 23) bezieht sich nur auf das (als selbstverständlich vorausgesetzte) übliche, unvorbereitete Taufgespräch. Ich halte die Gespräche in Elterngruppen vor allem für die Gemeindearbeit nach der Taufe für notwendig.

[41] Vgl. den sehr anregenden und aufschlussreichen Erfahrungsbericht aus Köln-Neue Stadt, in: Chr. Lienemann-Perrin: a.a.O., S. 444ff.

Die Wahl des Taufspruchs setzt meistens eine Auseinandersetzung mit den vorgelegten Texten in Gang. Sehr oft erzählen die Eltern, was sie zur Wahl bewogen hat; sie steht bereits im Zusammenhang mit Erfahrungen, die ihnen als Eltern des Täuflings wichtig geworden sind. Nicht selten hat dieser Spruch etwas zur Sprache gebracht, was sie bereits vage empfunden haben, aber noch nicht ausdrücken konnten. Andere Sprüche haben sie zum Widerspruch provoziert, z.B. zur Frage, ob da «Gott» nicht als Ausflucht vor der eigenen Verantwortung gebraucht werde; oder sie ver-anlassen dazu, bestimmte Schwierigkeiten mit dem Glauben (z.B. die Bedeutung von Christus) anzusprechen. Sie evozieren Erinnerungen an die religiöse Sozialisation (kirchlicher Unterricht, Konfirmations- bzw. Trauspruch etc.). Wenn die Eltern merken, dass nicht das «richtige» Textverständnis gefragt ist, sondern ihre eigenen Gedanken, Assoziationen, Fragen und Erfahrungen aufgenommen werden, wird diese Gesprächssequenz intensiv. Das führt – wenn die Zeit ausreicht – oft dazu, dass ich ihnen den Predigttext des Taufsonntags mitteile und sie sich gerne auf eine spontane Auslegung einlassen.

Meistens können sich die Gesprächspartner auf denselben Vers einigen; nicht wenige Eltern sind erstaunt, wie dabei ein Gespräch zwischen ihnen in Gang gekommen ist, das sie so noch nie geführt haben. Gelegentlich versuchen wir gemeinsam, aus verschiedenen vorgeschlagenen Sprüchen einen auszuwählen.

In der Taufansprache nehme ich die Sprüche öfters nochmals explizit auf, ebenso bestimmte Aspekte unseres Gesprächs. Manchmal verfasst ein Elternteil oder Pate einen eigenen Text zum gewählten Spruch.

Vorschläge für Taufversprechen bzw. -frage und Gebet

Verschiedene Eltern formulieren nach dem ersten Taufgespräch selber ein Taufversprechen bzw. eine Tauffrage; andere verfassen lieber ein Gebet, wobei dies jeweils aus ihrer Situation heraus und von ihren und unsern Gesprächen her geschieht. Einige dieser Texte stelle ich zusammen, um sie neuen Taufeltern (zusammen mit den anderen vorgängig zugestellten Unterlagen) als Beispiel vorzulegen. Sie können einen solchen Vorschlag unverändert übernehmen oder als Vorlage für einen eigenen Text verwenden.

Es geschieht dann öfters, dass Eltern, von denen ich das überhaupt nicht erwartet hätte, Texte mitbringen oder Veränderungsvorschläge unterbreiten; nicht selten werden mir dabei eigene blinde Flecken oder fixierte Einstellungen bewusst. Indifferenz ist mir äusserst selten begegnet. Im Gegenteil bin ich beschämt über meine Vorurteile und die erniedrigende Fragerei, wie ich sie früher manchmal ungewollt praktiziert habe.

Etwa bei der Hälfte der Taufen wird das Gebet von einem Elternteil oder Paten gesprochen, der sich auf diese Weise auch öffentlich an der Taufe des Kindes beteiligen möchte.

Meditationen zur Taufe. Glaubensbekenntnis

Aufgrund der «Taufgebete und Meditationen» von *H. Raiss*[42] redigierte ich einen mehrseitigen, gegenüber dem Original leicht veränderten Text, der in einfacher Sprache das Taufthema umkreist. Von verschiedenen Aspekten her werden bestimmte Erfahrungen im Umfeld von Elternschaft – Geburt – Erziehung – Familie – Kindsein – Erwachsenwerden mit Themen aus den biblischen Tauftraditionen in wechselseitige Beziehung gebracht. Im Taufgespräch nehmen wir die Abschnitte auf, die den Eltern (manchmal sind es bei Vater, Mutter bzw. Paten unterschiedliche Themen) besonders geholfen haben, zu verstehen und zu spüren, was ihnen die Taufe in ihrer Situation bedeutet, was sie herausfordert oder ihnen Mühe macht.

Die «Meditationen» bringen unterschiedliche Taufinterpretationen zur Sprache und lassen eine Reihe von Möglichkeiten offen, Beweggründe zur Taufe von Säuglingen zu benennen. Die Eltern werden durch die Einsicht, dass es *die* Taufdeutung nicht gibt, dazu ermutigt, noch weitere Anliegen, Ängste, Hoffnungen und Bedenken zu äussern, auch im Blick auf einen Taufaufschub.

Jedenfalls ist es beeindruckend, wie präzise und differenziert immer wieder das angegangen wird, was die Eltern bewegt. Sie sind nicht von der Meinung oder den Fragestellungen des Pfarrers abhängig; sie sind imstande, ihre eigene Überzeugung zu formulieren. Biblische Tauftexte werden in diesem Prozess der Wahrheitssuche unter neuen Aspekten wahrgenommen – selbst für den Exegeten sehr aufschlussreich!

Diese Eigenständigkeit ermöglicht es (ich tue das nicht immer), während des Gesprächs ein Blatt mit verschieden gefassten trinitarischen Glaubensbekenntnissen einzubringen.[43] Wir können daraus ein Credo gewinnen, das zu den Eltern zu sprechen beginnt.

Vorschläge für die Beteiligung an kirchlichen Veranstaltungen nach der Taufe

Hier sind verschiedene Möglichkeiten aufgelistet (z.B. Gesprächs- und Informationsabende für Eltern zum Thema «Mit Kindern Gott erfahren», zum Thema «Eigene Fragen zum Glauben», zu einem Buch; gemeinsame Gestaltung eines Wochenendes, eines Festes im Kirchenjahr usw.).

Aus den Reaktionen der Eltern ergeben sich wichtige Hinweise für die Planung entsprechender Veranstaltungen, für eventuelle gemeinsame Vorbereitung, für Einladungen und Durchführung.

Oft bringen die Eltern hier auch zum Ausdruck, was ihnen an unserem Gespräch gefallen hat und was sie ändern würden.

Das Interesse an einer Weiterführung des nun begonnenen Weges ist erstaunlich. Erstaunt sind meist auch die Eltern, darüber nämlich, dass die Taufe ihres Kindes offenbar nicht, wie sie es erwartet hatten, amtlich absolviert wird oder über Klippen

---

[42] H. Raiss: Taufgebete und Meditationen, in: Gesammeltes. Materialheft der Beratungsstelle für Gestaltung von Gottesdiensten und anderen Gemeindeveranstaltungen (Heft 15), Frankfurt 1974, S. 60-69.

[43] z.B. aus Chr. Lienemann-Perrin: a.a.O.,. S. 455ff.

peinlicher Ausfragereien hinweg (hoffentlich unbeschadet!) überstanden werden muss.

Hinweise zu den Taufkerzen

Mit der wieder auf einem besonderen Blatt formulierten Einladung der Paten zum Taufgespräch wird der Vorschlag verbunden, jedes Jahr am Tauftag (oder in dessen Nähe) ein (Kinder-!)Fest mit allen Paten zu feiern, das auch von Paten vorbereitet wird (wichtig: ohne Geschenkrummel!). Dabei könnte jeweils am Anfang des Tages oder zu Beginn des Festes die Taufkerze wieder angezündet werden. Das Kind wird danach fragen, und man wird ihm, je nach Alter, von seiner Taufe (wieder) erzählen können.
Beim Gespräch zeige ich den Eltern einige Taufkerzen (mit verschiedenen Symbolen). Die Wahl der Taufkerze und die Aussicht, diese bei der Feier in der Kirche zum ersten Mal anzuzünden, ermöglichen es oft, eventuelle emotionale Sperren und Vorurteile (z.B.: beim Pfarrer und bei der Taufe wird nur geredet und belehrt) beiseite zu räumen; immer ist ein Elternteil bereit, im Gottesdienst die Kerze des Täuflings an der Osterkerze (beim Taufbecken) zu entzünden. Die Symbolhandlung wird zur Auslegung des Taufgeschehens.

2 Schwierigkeiten und Fallen des unvorbereiteten Taufgesprächs

Die folgenden Beobachtungen und Überlegungen zielen auf eine gründlichere Reflexion und konkretere Verantwortung dessen, was in Taufgesprächen geschieht. Gewiss sind bei der üblichen Praxis hilfreiche Begegnungen möglich. Doch treten im Vergleich mit den Chancen des vorbereiteten Gesprächs die Schwierigkeiten und Fallen der herkömmlichen Praxis besonders deutlich zu Tage. Dabei habe ich vor allem diejenigen Gespräche vor Augen, bei denen sich Pfarrer/in und Eltern zum ersten Mal (oder nach lediglich oberflächlichen Kontakten) begegnen.

Falle 1: «Ich bin die Fachperson»

Es ist immer wieder beobachtet worden, dass bei den üblichen Taufgesprächen ein gemeinsames *Erarbeiten* dessen, was die Taufe bedeutet, selten möglich wird. Wenn das Thema überhaupt ernsthaft angesprochen wird (und es nicht faktisch bei einem Kontaktgespräch mit einigen formalen Hinweisen zum Verlauf des Taufgottesdienstes bleibt), erfolgt in der Regel eine «Belehrung» durch den Pfarrer, die *unvermittelt* noch irgendwo eingebracht wird. Es ist naheliegend, aber für den Gesprächsfluss blockierend, wenn ein bestimmtes von den Eltern verwendetes Stichwort als Startrampe für die Taufbelehrung missbraucht wird. Oft wird diese Rede – meist als schlechte Mini-Predigt empfunden – auch an die Erläuterung der Taufliturgie angehängt.
Wenn die Eltern sich vorbereiten können, sind sie von Anfang an beteiligt. Für den

Pfarrer wird es möglich, an einem Gespräch zu partizipieren, das bereits in Gang gekommen ist. Damit können in der Tat «einzelne Bedeutungsmomente der Taufe im Eingehen auf Erfahrungen der Eltern so ausgelegt werden, dass sie von den Eltern als Beitrag zur Bewältigung ihrer Elternschaft und zur Lebensperspektive ihres Kindes begriffen werden können».[44]

Falle 2: «Ist der Taufwunsch legitim?»

Die vom Pfarrer an die Eltern gerichtete Frage, weshalb sie ihr Kind taufen lassen wollen, muss meistens als Überfall-Frage, als beschämende, «obszöne Frage»[45] empfunden werden, gegen die sie sich nur selten wehren können. Die Eltern kommen sich wie Schüler vor, die in einem Bereich abgefragt werden, in dem sie unvorbereitet sind. Sie reagieren «in der Regel verständnislos, überrascht, gelegentlich sogar schockiert».[46] Hie und da (so zeigen Gesprächsprotokolle) spürt der Pfarrer die «Atmosphäre der Inquisition»[47] und gibt, um die Eltern nicht auf die Folter zu spannen, gleich selber die Antwort. Geschieht dies aber nicht: Was bleibt den Eltern anderes übrig, als irgendwelche Allgemeinplätze zu zitieren (das sei doch so Brauch) oder verlegen etwas zu stammeln? Da der Pfarrer nicht merkt, wie obszön seine Frage ist (und was er damit bewirken *muss*), sieht er sich in der Meinung bestätigt, dass die Leute an der «eigentlichen» Bedeutung der Taufe nicht interessiert sind und ihn als Zeremonienmeister einer theologisch indifferenten Familienfeier missbrauchen.

Ich habe bereits darauf hingewiesen, dass diese Urteile weitgehend falsifiziert werden, sobald den Eltern die Möglichkeit gegeben wird, *eigene Frage- und Antwortkompetenz zu erwerben.*

Im partnerschaftlichen Gespräch wird auch bald eindringlich erfahrbar, dass der Pfarrer ebensowenig wie die Eltern die Sprache der sachgemässen und situationsgerechten Vermittlung von Tradition und Kasus einfach zur Verfügung hat. Ein gemeinsamer Weg beginnt.

Falle 3: «Grässlich, diese Oberflächlichkeit!»

Wenn die Eltern sich nicht auf das Gespräch einstellen können (wie sollen sie erraten, was der Pfarrer will?), sind sie, sobald theologische Themen angeschnitten werden, dem Pfarrer unterlegen. Nun, sie werden sich wohl am besten fügen und nur über Dinge reden, die sie kennen (z.B. Taufkleid, Fotografieren u.ä.) oder die greifbar sind (wer soll das Kind tragen? wo müssen sie sich aufstellen?). Der Pfarrer fühlt sich seinerseits in seiner Position als Theologe isoliert; zudem verleiten die sich immer wieder selbst bestätigenden und «zur Routine werdenden Enttäuschungen über das entkirchlichte Kirchenvolk»[48] die Pfarrer unmerklich dazu, «ihre Gemeindeglieder aus einer zunehmend fragwürdiger werdenden pfarramtlichen Perspektive zu betrach-

[44] Chr. Gäbler u.a.: a.a.O., S.22.
[45] A. R. Bodenheimer: Warum? von der Obszönität des Fragens, Stuttgart 1984.
[46] Chr. Lienemann-Perrin: a.a.O., S. 45
[47] D. Emeis: a.a.O., S. 37.
[48] Chr. Lienemann-Perrin: a.a.O., S. 66
[49] Ebd.

ten».[49] Das Taufgespräch und die entsprechende Taufliturgie werden dann zum Musterbeispiel *gestörter Kommunikation*; die verbal inszenierten Inhalte (die jedenfalls in irgendeiner Weise Beziehungen thematisieren) müssen dadurch unglaubwürdig werden. «Während der Pfarrer über die Oberflächlichkeit von Taufeltern verbittert ist, sind Letztere möglicherweise darüber enttäuscht, dass er ihr Glaubensanliegen anzweifelt und ihnen in seiner Taufpraxis nicht auf ernstzunehmende Weise entgegenkommt. Beide Seiten halten an einer Taufpraxis fest, die ihnen fragwürdig ist – in der Annahme, dass die andere Seite es so erwartet.»[50]

Mit der Möglichkeit einer eingehenden Vorbereitung des Taufgesprächs werden nicht nur verbale Beschwörungen von Annahme, Aufnahme und Gemeinschaft abgegeben, sondern Bedingungen geschaffen, damit Eltern sich tatsächlich als «Mitsubjekte einer Gemeinde»[51] erfahren können.

Falle 4: «Es bleibt nur Allgemeingültiges zu sagen!»

Dies zeigt sich auch im Taufgottesdienst. «Ohne Vorbereitung ist Begegnung Formalismus», heisst es bei L. Boff.[52] Wenn die Taufeltern und Paten nicht schon vorher beteiligt wurden, sind sie Zuschauer, die nur darauf achten müssen, nichts falsch zu machen. Die Taufliturgie hat kaum Berührungspunkte mit der konkreten Situation der Anwesenden.

Nun könnte dies mit der homiletischen Warnung vor den «Verfänglichkeiten der Situationen»[53] gerechtfertigt werden. Allerdings erreicht man damit genau das Gegenteil; denn gerade das anscheinend situationslose Reden ist besonders in der Gefahr, bestimmten Situationen zu verfallen. Die Gespräche mit Taufeltern über Erfahrungen bei solchen Taufen haben dies ausnahmslos bestätigt; indem die Situation der Anwesenden keine Beachtung fand, wurde lediglich eine andere Situierung umso kräftiger praktiziert: Die Taufliturgie wurde dann als bedeutungsloser Verbalismus, als magisches Ritual, als moralisierendes Blabla oder als Pflichtübung aufgenommen (wobei die familiärgesellschaftliche Funktion eine mögliche theologische Bedeutung der Taufe völlig verdeckte); im besten Fall machten sich die Teilnehmenden ihre eigenen Gedanken und liessen sich Raum für ihre eigenen Empfindungen. Die «Verfänglichkeiten der Situationen» werden durch Ignoranz also lediglich potenziert und der Beliebigkeit ausgeliefert (mit zum Glück nicht immer negativen Konsequenzen). Gleichzeitig werden biblische Tauftexte durch eine derartig beliebige Situierung oft bis ins Gegenteil verzerrt. Die möglicherweise ganz andersartige Intention des Pfarrers ändert an dem Kommunikationsverlauf überhaupt nichts und kann höchstens bewusst machen, wie wenig er diese Intention praktisch-theologisch verantwortet hat.

---

50 Ebd., S. 68.
51 D. Emeis: a.a.O., S. 19
52 L. Boff: Kleine Sakramentenlehre, Düsseldorf 1985, S. 103
53 W. Trillhaas: Einführung in die Predigtlehre, Darmstadt 1980, S. 70f.

Wird der Taufgottesdienst vom Taufgespräch her konzipiert, gewinnt er jeweils ein eigenes Gepräge, auch wenn die Struktur relativ fest bleibt. Thematisiert wird dann nicht «die» Taufe, sondern der Aspekt des Taufgeschehens, der im Gespräch konstituiert wurde. Der Sinn der Taufe zeigt sich in dieser Feier «nicht in der Anlehnung an ein festes Muster, sondern in der Fähigkeit, den Sinn der Taufe bruchstückhaft je neu erlebbar werden zu lassen».[54]

3 Zur Hermeneutik des Taufkasus

Hier sollen einige wichtige Ansätze skizziert werden, in denen die dargelegten Erfahrungen mit vorbereiteten Taufgesprächen aufgenommen werden.

Die Bedeutung der Taufe wird neu konstituiert
Die konkrete Bedeutung des Taufkasus steht nicht situationslos fest, sondern wird im Gespräch mit den Eltern jeweils neu konstituiert. Das geschieht durch die wechselseitige Interpretation von Situation und Tradition in einer offenen Kommunikation.

Biblische Texte werden neu interpretiert
Das verhält sich ebenso bereits in biblischen Tauftexten, aus denen bekanntlich keine einheitliche Tauflehre erhoben werden kann. Ebenso wenig lässt sich daraus eine bestimmte Taufpraxis direkt ableiten. Der bereits in diesen Texten sichtbar werdende ekklesiale Interpretationsprozess kann nur willkürlich abgebrochen werden.

Taufeltern sind mündige Christenmenschen
Gerade die theologisch verantwortete Interpretation zentraler Tauftraditionen kann also nicht durch eine Amtsperson für die Eltern geleistet werden. Für die Vermittlung von Tradition und Situation, in der beide erst erhellt werden, ist der Pfarrer auf die Beteiligung der Eltern angewiesen.

Im Taufgespräch ereignet sich Kirche
Das solche Vermittlung ermöglichende Taufgespräch ist deshalb konstitutiver Bestandteil einer theologisch verantworteten Taufpraxis und gewinnt noch weit mehr als nur seelsorgerliche Bedeutung.

Zum Taufgespräch muss ermächtigt werden
Damit diese Beteiligung von Eltern und Paten nicht bloss postuliert wird, müssen entsprechende Bedingungen hergestellt werden. Dazu gehört die Möglichkeit, sich fundiert auf ein Gespräch einstellen und vorbereiten zu können, und ebenso die Befähigung der Verantwortlichen, ein solches Gespräch zu führen.

Das Taufgespräch ist der Beginn eines Dialogs
Der Taufkasus darf demnach keinesfalls auf die Taufhandlung bzw. die Taufpredigt

---

[54] R. Volp: Die Taufe zwischen Bekenntnisakt und Kasualhandlung. Beitrag für ein zu erneuerndes Sakramentsverständnis. in: PTh 76 (1987) S. 40–55; Zitat S. 53.

beschränkt werden. Das Taufgespräch stellt einen Anfang des viel weiter reichenden Prozesses der Übernahme von Verantwortung als Mit-Subjekte der Gemeinde dar. Hier wird zu fragen sein, wie die Gestalt der Kirche beschaffen sein muss, damit nicht das, was mit der Taufe beginnt, wieder unglaubwürdig gemacht wird.

Kirchliche Tradition und Familienalltag müssen sich berühren

Die theologische Problematik von Kinder- und Erwachsenentaufe kann deshalb nicht nur unter systematischen bzw. exegetischen Gesichtspunkten angegangen werden. Das praktisch-theologisch zu verantwortende «Wechselspiel der Symbole und Themen der Tradition mit den Interaktionsformen der Subjekte des Traditionsprozesses»[55] ist ebenso fundamental. Wenn das theologische Verständnis der Taufe und die Formen ihres praktischen Vollzugs (im ganzen Lebenszusammenhang!) voneinander getrennt werden, werden beide de facto der Willkür ausgeliefert.

Nachtrag des Verfassers zu seinem Aufsatz von 1988

Ich würde heute stärker gewichten:

Nicht-verbale Zugänge zur Taufe – bereits auch bei der Vorbereitung!
- Bilder (z.B. Fotolangage, eigenes Malen)
- Symbole (z.B. Tauben, die die Eltern selber basteln)
- Lieder und Musik

Gender-Aspekte
- Wie kommen Mütter und Väter, Patinnen und Paten, Grossmütter und Grossväter vor?
- Wie können traditionelle Rollenbilder relativiert werden (Gal 3,28)?

Taufe und soziopolitische Zusammenhänge
Vgl. dazu Morgenthaler, Christoph/Müller, Christoph: Familie: Ort der Liebe – Hort der Gewalt. Praktisch-theologische Reflexionen, in: W. Dietrich/W. Lienemann (Hrsg.): Gewalt wahrnehmen – von Gewalt heilen. Theologische und religionswissenschaftliche Perspektiven. Stuttgart: Kohlhammer, 2004, S. 224–240.

Gemeinsame Tauf-Vorbereitung bei Kinder- und Konfirmationstaufen

Falle 5: Banalisierung der Taufe Taufe als harmlose Plauderei oder als Gag.

---

[55] D. Funke: Verkündigung zwischen Tradition und Interaktion. Praktisch-theologische Studien zur Themenzentrierten Interaktion (TZI) nach Ruth C. Cohn. Mit einem Vorwort von Hermann Steinkamp, Frankfurt/Bern/New York/Nancy 1984, S. 495. Die Arbeit von Funke scheint mir gerade im Blick auf einen sachgemässen Umgang mit der Tauffrage sehr anregend zu sein.

Gesprächsthemen für das Taufgespräch mit Eltern und Paten – eine anregende Liste aus der Praxis

Vorbereitungen der Eltern und Paten aufs Gespräch
(«Hausaufgaben mit Hilfestellungen»)

- ❏ Aussuchen eines **Taufspruchs**
- ❏ evtl. Aussuchen eines **Taufliedes**
- ❏ **Wunschthema/Wunschsymbol** für die Taufe suchen
- ❏ Vorbereitung von **Segenswünschen/Fürbitten**

Zur Taufansprache

- ❏ **«Was möchten Sie als Eltern Ihrem Kind mit auf den Weg geben?»**
- ❏ **«Wie möchten Sie als Pate und Patin Ihre Aufgabe gestalten?»**
- ❏ **Bedeutung der Taufe für die Eltern, für die Paten?**
- ❏ **Informationen zum Kind oder Jugendlichen**
  (Geburt und Wesen, bisherige Erlebnisse)
- ❏ **Zur Familie**
  (Familienrituale, Familienwünsche; Satz aus einem Buch oder Film, der ihr etwas bedeutet)
- ❏ **Informationen zu den Eltern und Paten**
  (Hobbys, Liebhabereien, Musikstile, Filme, Lieblingspflanzen, Vereine, Gruppen, Reisen, Orte, mit denen sie sich verbunden fühlen)

Zum Gottesdienst

- ❏ **Taufspruch**
- ❏ **Taufkerze**
  (von der Kirche gestellt oder selbst von Paten, Eltern, Grosseltern oder Geschwistern ausgewählt und gestaltet?)
- ❏ **Lied, das der Familie etwas bedeutet**
  (aus dem Kirchengesangbuch, von einem Liedblatt oder eingespielt)
- ❏ **Segenswünsche/Fürbitten**
  (von Taufpaten, Eltern, Familienangehörigen)
- ❏ **Ideen zur Präsentation der Wünsche und Bitten**
  (verknüpft mit gewähltem Symbol/Thema der Taufe, z.B. ausgeschnittene Früchte an ein Bäumchen heften, Sonnenstrahlen an das Plakat einer Sonne ankleben, Wunderkerze, Taube fliegen lassen, Schuppen eines Fisches aufkleben usw.)

Tauf-Gottesdienste im Rahmen des Kirchlichen Unterrichts (KU)

Christoph Müller

Wie können Schülerinnen, Schüler und Eltern sinnvoll an der Vorbereitung und Durchführung eines Tauf-Gottesdienstes im Rahmen des KU beteiligt werden?
Ich skizziere im Folgenden einige Richtpunkte, wie sie sich aus der Analyse einer Reihe von KU-Gottesdiensten und der entsprechenden Unterrichtsblöcke ergeben haben.

Es lässt sich nicht immer alles realisieren. Allerdings halte ich es für sinnvoller, auf einen KU-Gottesdienst zu verzichten, statt etwas durchzuführen, das nur mangelhaft und nicht gemeinsam vorbereitet werden konnte.

I. Vorbereitung

1. Elternarbeit (mit den Eltern der KU-Schülerinnen und -schüler)
Die Eltern lernen die Verantwortlichen für den KU schon vor dem Tauf-Gottesdienst kennen, z.B.

- an einem in den KU einführenden Elternabend
- am «Vorstellungs»-Gottesdienst (die Schülerinnen und Schüler stellen sich auf ihre Weise in einem kindgerechten liturgischen Rahmen vor)
- an einem Unterrichtsnachmittag bei einem gemeinsamen Zvieri
- an einem «Erlebnistag»

Diese Anlässe sind so geplant und kommuniziert, dass Eltern bzw. Elternteile vom zeitlichen Rahmen her teilnehmen können und bei den Anlässen nicht nur als Zuhörende vorgesehen sind. Wenn diese Anlässe zum Teil auch gemeinsam mit den Kindern durchgeführt werden, sind Kinder wie Eltern anders motiviert – und es hat einen stärker freiwilligen Charakter.
Eltern können so auch in die Durchführung von Unterrichts-Sequenzen einbezogen werden. Sie basteln z.B. gemeinsam mit ihren Kindern das Deckblatt für den Unterrichtsordner; sie schauen mit ihnen das Taufalbum oder Erinnerungen an die Taufe an und erzählen von diesem Tag.
Den Eltern werden Möglichkeiten der Partizipation vorgestellt – und sie können selber Ideen einbringen. Es geht nicht um Pflichtübungen, sondern um das gemeinsame Entdecken von Chancen in den intergenerationellen Beziehungen. Nicht wenige Eltern möchten die religiöse Dimension in der Erziehung wahrnehmen können – und dies nicht nur als etwas, das sie einbringen sollten, sondern auch als eine Dimension, die ihnen durch ihre Kinder erschlossen wurde und für die sie sensibler werden möchten. Dies gelingt umso besser, je plausibler die religiöse Dimension in Alltagserfahrungen verwurzelt ist. Gerade auch darin kann es zu einem spannenden, wech-

selseitigen Entdecken und Lernen zwischen Katechetinnen, Katecheten, Eltern und Kindern kommen.

2. Beziehungen

Es stehen im Unterricht genügend Zeit und Möglichkeiten zur Verfügung, damit zwischen den Kindern und den Katechetinnen und Katecheten eine Vertrauensbeziehung entsteht:

- geeignete Räume (wenn die Kirchgemeinde über keine solchen Räume verfügt, haben wahrscheinlich die Eltern gute Ideen)
- nicht zu grosse Klassen
- gemeinsame Rituale (z.B. Anfangs- und Schlussrituale)
- erlebnisorientierter Unterricht
- offenes und respektvolles Klima
- Supervision für die Katechetinnen und Katecheten, Pfarrerinnen und Pfarrer

Eine entscheidende Voraussetzung ist eine gute Teamarbeit der Katechetinnen, Katecheten (auch untereinander), der Pfarrerinnen, Pfarrer, der Sigristin, des Organisten. Störende Spannungen oder Beziehungsdefizite sind für die Kinder rasch spürbar – und sie schlagen auch im Gottesdienst durch.

3. Vorbereitung des Tauf-Gottesdienstes

Entscheidend ist, dass immer beides, sowohl die Beziehungs- als auch die Inhaltsebene, beachtet wird.

- Die Schülerinnen und Schüler lernen die Liturgin/den Liturgen vor der Tauffeier kennen.
- Die Kinder werden mit dem Kirchenraum und der Choreographie des Gottesdienstes vertraut gemacht.
- Die Organistin und die Orgel sind für die Kinder nichts Unbekanntes mehr.
- Im Unterricht finden die Katechetinnen und Katecheten einen Zugang zur Taufe, der für die Kinder kognitiv und emotional nachvollziehbar ist.

Beispiele für leitende Symbole bzw. Symbolhandlungen:

- Taufe wie ein (göttliches) Freundschaftszeichen
- Kinder als Lichtträger (vom Osterlicht zum Tauflicht)
- Wasser
- Regenbogen
- Fisch
- Taube

Symbol(handlungen) verstehen sich nicht einfach von selbst. Wichtig sind sensible Einführungen, Konkretisierungen (z.B. mit Freundschaftsbändern, mit kreativ gebastelten Regenbögen, Tauben und Fischen, mit Erlebnissen an einem Bach), Geschichten, Lieder usw. Symbole werden entdeckt und erspürt, auf keinen Fall «erklärt».

- Am KU-Gottesdienst zur Taufe wird nicht nur über die Taufe gesprochen, sondern es wird auch eine Taufe gefeiert. Die Taufeltern oder ein Elternteil (vielleicht auch Patenleute) werden mit dem Täufling vorher in den Unterricht eingeladen. So kommen die Kinder mit ihnen in Kontakt (z.B. erzählt der Vater/die Mutter vom Täufling).
- Die Sequenzen, die im Gottesdienst von den Kindern gestaltet werden sollen, werden auch gemeinsam geplant und vorbereitet. Die Kinder werden nicht dazu gebraucht, Texte vorzulesen oder etwas «aufzuführen», das Liturg/Katechetinnen ihnen vorgeben, ohne dass sie beteiligt worden wären. Lieber eine Sequenz streichen als etwas zu erzwingen.
- Der Gottesdienst muss nicht jedes Mal ganz neu erfunden werden.

4. Die Katechetin/der Katechet und die Pfarrerin/der Pfarrer
Sie bereiten den KU-Tauf-Gottesdienst gemeinsam so vor, dass:
- alle Beteiligten (auch die Kinder) etwas von ihrer eigenen Kreativität und Kompetenz einbringen können (nicht: müssen) und die Kinder in einer Weise partizipieren (oder eben nicht partizipieren), die ihnen (in ihrer Unterschiedlichkeit) entspricht;
- ein Gottesdienst mit einer einfachen und nachvollziehbaren Liturgie entsteht (also nicht ein voll gestopfter Gemischtwaren- bzw. Symbol-Laden oder ein Sammelsurium von Gottesdienst/Buntem Abend/Rechenschaftsberichtspräsentation/Selbstdarstellung usw.);
- allen klar und einsichtig ist, wer welche Verantwortung und welche Rollen übernimmt.

5. Die Choreographie
- Sie wird vor dem Gottesdienst in den elementaren Grundzügen geprobt (die Kinder wissen, was sie wo und wie machen werden).
- Es finden Sprechproben im Kirchen- bzw. Gottesdienstraum statt.
- Es muss nicht alles gleich beim ersten Mal klappen. Es kann geübt werden, und Üben kann Spass machen (manchmal zuerst auch nerven).

II. KU-Tauf-Gottesdienst

Der Gottesdienst ist kein verfügbares Produkt, aber er kann sorgfältig vorbereitet, gemeinsam gestaltet und in einem guten Geist durchgeführt werden.

1. Orte
Die Kinder haben *ihren* Ort bzw. *ihre* Orte im Gottesdienst. Sie sind (zurückhaltend) begleitet und fühlen sich sicher. Sie kennen den Ablauf und wissen, wo sie sitzen und wer wann «dran» ist.
Das setzt voraus, dass die für den Gottesdienst Verantwortlichen sich die Liturgie ganz angeeignet haben (also wieder: Es ist angemessener, eine schlichte Liturgie zu komponieren, die alle mitverantworten können und wollen, als Sequenzen durchzuboxen, bei denen rasch spürbar wird, dass etwas nicht «stimmt»).

2. Kompetenzen

Die *religiöse Kompetenz aller Beteiligten* (besonders diejenige der Kinder) wird ebenso respektiert wie diejenige der Liturginnen und Liturgen.

3. Atmosphäre

Mit entscheidend ist die *Atmosphäre.* Wichtig dafür sind:

- Raumgestaltung
- Gerüche
- Lichtverhältnisse
- Zeichen der Gastfreundschaft (Wie werden z.B. die Teilnehmenden begrüsst und willkommen geheissen?)
- die Wahrnehmung des gottesdienstlichen Raums als eines besonderen Raums
- die «Präsenz» der Verantwortlichen
- die musikalische Gestaltung
- usw.

Kinder (und nicht nur Kinder) «lernen» atmosphärisch.

4. Nachvollziehbarkeit

Die Feier kann von den Gottesdienstbesuchenden (die zu einem guten Teil nicht zu den regelmässigen Kirchgängern gehören) einigermassen *nachvollzogen* werden (z.B. durch ein leitendes Symbol).

Inhalts- und Beziehungsaspekte spielen zusammen. Es muss nicht alles neu und originell sein.

5. Musik

Die *Musik* ist so gewählt, dass sie für die Kinder (und ihre Eltern, Patinnen, Paten, Grosseltern usw.) zugänglich ist. Es geht nicht um Anbiederung, sondern um ein Wahr- und Ernstnehmen ihrer Lebenswelten.

Die Lieder sind so ausgesucht, dass die Kinder sie entweder kennen oder gerne mitsingen können. Es kann sinnvoll sein, dass eine geeignete Person den Gesang (auch bereits bei den Proben) anleitet.

6. Methodische Ausgewogenheit

Narrative Teile bekommen ebenso Gewicht wie szenische und symbolische. Die Musik erhält ihren Raum. Auch Stille und «Andacht».

7. Fehlertoleranz

Fehler sind keine Katastrophe, wenn sie nicht auf Schludrigkeit und mangelnde Absprachen zurückzuführen sind.

III. Nach dem Gottesdienst

1. Rückmeldungen der Kinder

Den Kindern wird auf didaktisch geeignete Weise ein Feedback ermöglicht, das auch Raum für Kritik, Enttäuschung, eigene Vorschläge offen hält.

2. Auswertung der Verantwortlichen

Es ist auch bereits eine Zeit vereinbart, in der die für den Gottesdienst Verantwortlichen die Feier samt Vorbereitung und Nachhall gemeinsam auswerten (bereits eine halbe Stunde kann sehr aufschlussreich sein).

3. Austausch von Materialien und Erfahrungen

Die Unterrichts-Verantwortlichen der jeweiligen Kirche bzw. einer Region richten eine Ideenbörse ein.
Sie besprechen gemeinsam Videos der Gottesdienste.

Tauffeiern

Verwendete Liederbücher

In den deutschsprachigen evangelisch-reformierten Kirchen der Schweiz sind folgende Liederbücher im Gebrauch:

KOL Kolibri. Mein Liederbuch. Berg am Irchel: KiK-Verlag, (1995), 3. erweiterte
Auflage 2005

KYA Kumbaya. Ökumenisches Jugendgesangbuch. Zürich: TVZ u.a., 1980

ru rise up. Ökumenisches Liederbuch für junge Leute. Zürich: TVZ u.a., 2002

RG Gesangbuch der Evangelisch-reformierten Kirchen der deutschsprachigen
Schweiz. Zürich: TVZ u.a., 1998

Piktogramme

 Sammlung / Anbetung

 Taufe / Gebet

 Verkündigung

 Fürbitten / Sendung / Segen

 Begegnung / Rahmenprogramm

Taufe im Rahmen eines Kleinkinder-Gottesdienstes

(«Fiire mit de Chliine»)

vom Team um Gertrud Bernoulli-Beyeler

Vorbereitung:	Im Chor der Kirche wird ein Doppel-Kreis eingerichtet: Stühle für die Erwachsenen, davor Sitzkissen für die Kleinen. Im Zentrum die «Fiire mit de Chliine»-Kerze auf einem Tülltuch, umgeben von Rosenblättern und Teelichtern in Gläsern.
	Weiter bereitstellen: ein mit Sand gefüllter Topf, Osterkerzlein, Liedblätter, Taufutensilien auf rundem Tischchen, evtl. Mikrofon; im Foyer: Apéro und Spiele.
Durchführung:	An einem Samstag im Januar 2006, um 9 Uhr im Kirchenraum

Sammlung / Anbetung

Kurze Eingangsmusik

Begrüssung
Guten Morgen miteinander. Im Namen des ganzen Vorbereitungsteams heisse ich alle zu dieser Feier herzlich willkommen.
Wir freuen uns, dass heute die Familie Müller ihr erstes Kind Nina zur Taufe bringt. Sie wohnen an der Zürcherstrasse 7.
Ich heisse die kleine Nina, ihre Eltern, die Patin und den Paten, die Grosseltern und die Urgrossmutter willkommen an diesem wichtigen Tag.

Entzünden der Kerze (ein festes Ritual dieser Feier)
Wir zünden unsere Kerze an. «Gott, in deinem Licht feiern und leben wir. Du kennst uns und hast uns lieb. Das macht uns stark. Danke. Amen»

Lied (nach KOL 31), Strophe 1
«Liebe Gott, mir wänd dir danke, / lueg, mir alli freued eus,
dass mir zäme chönd fiire, / o, mir danked, danked dir.»
(siehe Seite 78)

Taufe als Verkündigung

Taufansprache I
Liebe Taufeltern
Sie sind noch berührt vom Wunder der Schwangerschaft und der Geburt. Sie freuen sich täglich über das Geschenk, das mit Ihrer kleinen Tochter in Ihr Leben kam. Während des Taufgesprächs bei Ihnen zu Hause bemerkten Sie spontan: Unsere Nina ist einfach ein Gotteswunder!
Wie andere Mütter und Väter spüren Sie: Unsere Kinder sind ein Geschenk von Gott. Aus seinen Händen nehmen wir das neue Leben entgegen.

Die Künstlerin Dorothea Steigerwald hat dies in ihrer Tonskulptur «Quelle des Lebens» ausgedrückt.

©1974 Brendow-Verlag, D-4130 Moers 1

Lied (nach KOL 31), Strophe 2
«Liebe Gott, mir wänd dir danke, / alles, alles chunnt vo dir,
eusi Chinde, wo eus gschänkt sind, / o, mir danked, danked dir.»

Interview
Liebe Taufeltern
Was macht Ihnen besondere Freude an Ihrem Kind? Was bringt Sie zum Staunen?
Die auf die Frage vorbereiteten Eltern geben Auskunft.

Lied (nach KOL 31), Strophe 3
«Liebe Gott, mir wänd dir danke, / alles, alles chunnt vo dir,
mir chönd stuune und eus freue, / o, mir danked, danked dir.»

Taufansprache II

Liebe Taufeltern

Sie wollen gut für Nina sorgen. Sie wollen sie begleiten und beschützen, so gut es Ihnen möglich ist. Aber das ist gar nicht einfach. Sie ahnen, dass Ihnen da ein ganz feines, verletzliches Leben anvertraut ist und dass Sie auch noch andere Menschen brauchen, die mithelfen, gut auf Ihr Kind Acht zu geben.

Aus diesem Grund haben Sie eine Patin und einen Paten gesucht und auch gefunden. Ich danke Ihnen beiden für die Bereitschaft, sich ebenfalls um Nina zu kümmern.

Als Eltern vertrauen Sie aber auch noch auf eine andere Hilfe: Dass noch weitere, grössere Hände mithelfen, Sie und Ihre Kinder durchs Leben zu begleiten. Sie vertrauen darauf, dass Gott mitkommt. Er, der auch Nina beim Namen kennt und liebt. Gott, der sie nicht vor allen Schwierigkeiten wird bewahren können, der sie aber als grosse Kraft hindurch tragen wird. Auch dieses Mittragen drückt die Skulptur von Dorothea Steigerwald aus.

Eltern und Kinder müssen immer wieder etwas von diesen liebevollen Händen Gottes ahnen und spüren können. Dazu braucht Gott uns alle – uns mit unseren kleinen und grossen Händen: Dass wir einander helfen und dass wir sorgfältig und fein miteinander umgehen und aufeinander achten.

Als Zeichen für die grossen Hände Gottes versuchen wir, eine Hand-Kette zu bilden mit unseren offenen Händen, die bereit sind, mitzuhelfen und mitzutragen. Alle legen ihre offenen Hände in oder unter die Hände der Nebenstehenden. So sind wir alle ein Teil der grossen tragenden Hand Gottes.

Gott begleitet uns jeden Tag. Wir spüren dies nicht immer gleich. Aber sehr deutlich, wenn jemand zu uns sagt:
«Es ist schön, dass es dich gibt! Ich hab dich lieb!»
Das können wir auch gerade jetzt einander zusagen.

Im Kreis dazu einladen, dass in jeder anwesenden Familie die Erwachsenen zu ihren Kindern sagen: «Ich freue mich, dass es dich gibt; ich hab dich lieb.»

Wenn wir dies hören, ist uns ums Singen zu Mute.

Lied (KOL 368)

«Du, du, du grosse Gott, / du häsch mich gärn.
Drum freu ich mich, so wie-n-ich bin, / und läbe gärn.» (2x mit Bewegungen)

Taufansprache III

Bei der Taufe feiern wir, dass wir mit Gott verbunden sind. Er kennt uns mit Namen und hat uns lieb, so wie wir sind, auch wenn wir manchmal Fehler machen und schwierige Leute sind. Gott gibt uns nicht auf und will uns vergeben.

Lied (KOL 368)

«Du, du, du grosse Gott, / du häsch mich gärn.
Drum freu ich mich, so wie-n-ich bin, / und läbe gärn.» (2x mit Bewegungen)

Beim Taufen machen wir dreimal mit Wasser ein feines Zeichen auf die Stirn der Taufkinder.
Wir verwenden Wasser, weil es uns ganz viel von Gott zeigt!
Wir hören und schauen zu, wie das Wasser ins Taufbecken plätschert.

Erst nur wenig Wasser aus einiger Höhe ins kupferne Taufbecken eingiessen lassen, durch ein Mitglied der Tauffamilie.

Wasser ist für uns ganz wichtig. Ohne Wasser können wir nicht leben. Wir brauchen es für vielerlei.

Im Gespräch mit den Kindern Beispiele sammeln.
Dann den Rest des Wassers ins Taufbecken giessen.

Lied (nach KOL 31), Strophe 4

«Liebe Gott, mir wänd dir danke, / alles, alles chunnt vo dir,
au das Wasser, wo mir bruuched, / o, mir danked, danked dir.»

Die Tauffamilie kommt nach vorne

Taufe

Liebe Eltern und liebe Patin, lieber Pate! Ich stelle Ihnen nun die Tauffrage:
- Wollen Sie Nina lieb haben, so wie sie ist und mit allem, was noch aus ihr wird?
- Wollen Sie Nina erziehen, so gut Sie können, so dass sie die christliche Botschaft der Liebe kennen lernen kann?
- Wollen Sie Nina dann, wenn es Zeit dafür ist, auch freigeben für ein eigenständiges Leben?

Dann sagen Sie: JA.

Nina Müller,
ich taufe dich auf den Namen von Gott, der dir das Leben schenkt,
und auf den Namen von Jesus Christus, der dir Bruder und Freund ist,
und auf den Namen der heiligen Geistkraft.

Folgenden biblischen Zuspruch haben deine Eltern für dich gewählt, als Worte, die dich begleiten sollen:
«Leb du im Lichte Gottes! In diesem Licht wachsen als schöne Früchte heran die Güte, die Gerechtigkeit und die Wahrheit.» (Eph 5,8–9)

Nina, Gott segnet dich, und du bist ein Segen für die Welt! Amen.

Hand segnend auf den Kopf des Kindes legen.

Kerzen-Ritual
Wir zünden jetzt für Nina eine Taufkerze an als Licht auf ihrem Weg und als Zeichen, dass sie selbst ein Licht für die Welt sein kann, wie Jesus es gesagt hat.

Taufkerze anzünden an der grossen Kerze.

Und auch für alle anderen Kinder zünden wir jetzt ein Licht an. Viele von euch sind getauft, andere nicht; manche haben ihr Taufkerze mit dabei, alle anderen erhalten eine kleine Kerze.

Dünne Osterkerzlein verteilen und anzünden helfen; eine Sandschale steht bereit, falls Kinder ihre Kerze lieber einstecken als in der Hand behalten. Wenn alle Kerzen brennen:

Diese Lichter zeigen: Gott kennt auch euch mit Namen und hat euch lieb. Er sagt immer wieder zu euch: «Schön, dass es dich gibt. Ich habe dich lieb!»
Darum singen wir noch einmal:

Lied (KOL 368)
«Du, du, du grosse Gott, / du häsch mich gärn.
Drum freu ich mich, so wie-n-ich bin, / und läbe gärn.»

Fürbitten / Segen

Im Licht dieser Kerzen beten wir jetzt für Nina.
Ninas Mutter liest persönliche Wünsche für ihr Kind:…

Auch wir beten jetzt alle mit und singen jeweils eine Strophe des Lieds «Kumbaya» (KOL 57). Wir beginnen gleich mit der ersten Strophe:

Liedstrophe: «Kumbaya, my Lord, kumbaya… O Lord, kumbaya»

Gott, wir bitten dich für Nina, aber auch für alle anderen Kinder:
Schenk ihnen genug liebevolle Menschen, so dass sie sich am Leben freuen können und spüren, wozu sie auf der Welt sind.

Jeweils Text der folgenden Strophe vorsprechen.

Liedstrophe: «Wänn mir bätte tüend, bisch du da… O Gott, du bisch da.»

Wir bitten dich für die Eltern von Nina, aber auch für alle anderen Eltern:
Schenk ihnen die nötige Kraft für jeden Tag und für jede Nacht und genügend Menschen in ihrer Umgebung, die sie bei der Erziehung ihrer Kinder unterstützen. Gib ihnen die nötige Sicherheit darin, den Kindern auch Grenzen zu setzen, Grenzen, die für das Zusammenleben hilfreich sind.

Liedstrophe: «Wänn mir bätte tüend, bisch du da… O Gott, du bisch da.»

Gott, wir bitten dich für alle Menschen, die in Not sind,
für Kinder und Erwachsene, die Angst haben oder leiden:
Lass ihnen hilfreiche Menschen begegnen
und zeige auch uns, was wir für sie tun können.

Liedstrophe: «Neumed brieggt öpper, sig du da!… O Gott, du bisch da.»

Kerzen löschen

Die Tauffamilie erhält jetzt noch eine Bilder-Bibel überreicht; sie enthält viele Geschichten, die Mut machen und uns die Augen öffnen für Gott.

Bilder-Bibel überreichen

Segen

Alle stehen im Kreis, geben einander die Hände und sprechen gemeinsam den (auch in seinem Rhythmus) vertrauten «Fiire mit de Chliine»-Segen:

«<u>Mir</u> händ <u>zäme</u> <u>gfii</u>-<u>ret</u>,
mir <u>händ</u> <u>eus</u> <u>gfreut</u>.
<u>Du</u>, lieb <u>Gott</u>, willsch <u>bi</u>-n-is <u>si</u>,
<u>Dan</u>-<u>ke</u> fürs <u>Zämesi</u>.
<u>A</u>--<u>men</u>.»

Schlusslied (KOL 161)
«Gottes Liebi isch so wunderbar» (3x singen, mit Bewegungen)

Mitteilungen

Ausgangsakkord

 Begegnung / Rahmenprogramm

Apéro und Spielmöglichkeit im Foyer

Liebe Gott, mer wänd dir danke

T: Gertrud Bernoulli / M: mündlich überliefert

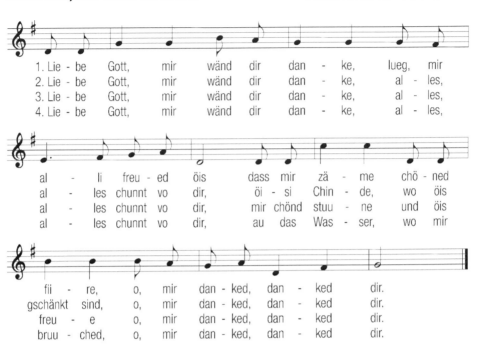

1. Lie - be Gott, mir wänd dir dan - ke, lueg, mir
2. Lie - be Gott, mir wänd dir dan - ke, al - les,
3. Lie - be Gott, mir wänd dir dan - ke, al - les,
4. Lie - be Gott, mir wänd dir dan - ke, al - les,

al - li freu - ed öis dass mir zä - me chö - ned
al - les chunnt vo dir, öi - si Chin - de, wo öis
al - les chunnt vo dir, mir chönd stuu - ne und öis
al - les chunnt vo dir, au das Was - ser, wo mir

fii - re, o, mir dan - ked, dan - ked dir.
gschänkt sind, o, mir dan - ked, dan - ked dir.
freu - e o, mir dan - ked, dan - ked dir.
bruu - ched, o, mir dan - ked, dan - ked dir.

Wänn mir bätte tüend

T: Gertrud Bernoulli / M: Negro Spiritual

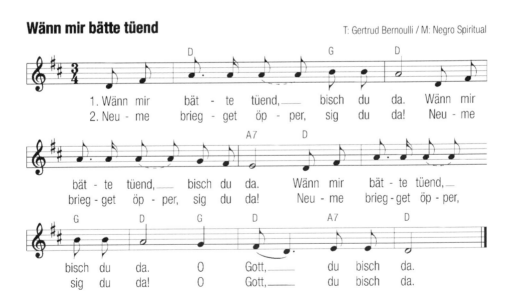

1. Wänn mir bät - te tüend,___ bisch du da. Wänn mir
2. Neu - me brieg - get öp - per, sig du da! Neu - me

bät - te tüend,___ bisch du da. Wänn mir bät - te tüend,___
brieg - get öp - per, sig du da! Neu - me brieg - get öp - per,

bisch du da. O Gott,___ du bisch da.
sig du da! O Gott,___ du bisch da.

Taufgottesdienst für «Klein und Gross» mit einer Unterrichtsklasse

Nach einer Vorlage von Thomas Schaufelberger

Die Schülerinnen und Schüler des Drittklass-Unterrichts sitzen im Chor. Die Osterkerze ist noch nicht angezündet.

 ## Sammlung / Anbetung

Eingangsspiel der Orgel

Zwei Kinder zünden während der Musik die Osterkerze an.

Grusswort
Die Liebe Gottes und der Friede von Jesus Christus ist mit uns allen. Amen

Begrüssung
Liebe Gemeinde
Zum heutigen Gottesdienst für Klein und Gross mit den Kindern des Drittklass-Unterrichts begrüsse ich Sie alle herzlich. Die Unterrichtskinder haben sich in den letzten Wochen mit der Taufe beschäftigt und sind daher besonders gespannt auf die Taufkinder Zoe, Julia und Florian. Diese drei heissen wir, zusammen mit ihren Familien, ganz besonders willkommen.

Gebet
Wir werden still zu einem von den Kindern formulierten Gebet.

Verschiedene Kinder beten mit der Gemeinde ein im Unterricht vorbereitetes Gebet.

Lied «Soon and very soon» (Gospel, Traditional)
Bald, ja sehr bald, werden wir den König sehen. Das singen wir zusammen mit den Unterrichtskindern.

Die Kinder bilden eine Vorsinggruppe und stimmen das Lied an.

Verkündigung

Geschichte erzählen: Mk 4,35–41 (Stillung des Sturms)

Zeichenhandlung

Die Kinder tragen ein kleines Segelboot in die Kirche. Danach verteilen sie kleine Holzfiguren und Stifte. Erwachsene und Kinder bemalen die Figuren, tragen sie nach vorne und setzen sie mit Hilfe der Kinder ins Schiff. Währenddessen spielt die Orgel.

Vertiefung der Geschichte
Die Jünger, welche mit Jesus im Segelboot sitzen, haben Angst. Denn ein Sturm auf dem See ist nicht gemütlich. Es rüttelt, wie wenn die Erde bebte, es wird finster und kalt. Die Jünger verlieren die Orientierung und den Halt.
Auch in unserem Leben kann es geschehen, dass wir uns wie in einem gigantischen Sturm wähnen. Wir werden durchgeschüttelt, haben keinen Boden unter den Füssen und verlieren den Horizont aus den Augen. In solchen Momenten fürchten wir uns.

Die Kinder haben im Unterricht nach Situationen gesucht, in denen sie Angst erfahren haben. Jetzt hören wir von ihnen, was Angst macht.

Die Kinder kommen nach vorne, verlesen ihre Angst-Sätze und legen das entsprechende Papier ins Boot.

Was hilft gegen die Angst? Was hilft, wenn das Leben wie ein grosser Sturm ist? Was hilft, wenn ich überzeugt bin: Gott schläft und niemand weiss um meine Not? Die Geschichte, die wir gehört haben, erzählt, was gegen die Angst hilft. Es ist ein Drei-Schritt.
Der erste Schritt: es ist hilfreich, wenn wir eingestehen, dass es stürmt, und wir unsere Angst nicht verleugnen. Vor allem uns Erwachsenen fällt es nicht immer leicht, die eigene Angst wahrzuhaben. Es macht Angst, in einer Welt zu leben, die torkelt und einen hin und her schüttelt auf Wellen von Hass und Krieg. Es macht Angst, die Verletzlichkeit des Lebens vor Augen zu haben. Tod, Krankheit und Vergänglichkeit, Leere und Sinnlosigkeit – all das wahrzunehmen und einzugestehen, ist der erste Schritt!
Von den Jüngern im Boot können wir etwas Zweites lernen: Sie werden aktiv und lassen sich durch die eigene Angst aufrütteln. Sie schreien, flehen und schluchzen! Wer Angst hat, muss etwas unternehmen! Wenn die Welt an ihrer eigenen Hoffnungslosigkeit zugrunde zu gehen droht, dann müssen wir eine Hoffnung dagegen setzen. Wenn sich meine Welt leer und sinnlos anfühlt, dann muss ich nach Sinn und Inhalt schreien. Wenn mich die Angst vor der Vergänglichkeit und der Einsamkeit plagt, dann strecke ich mich aus nach Gemeinschaft und Begleitung.

Die Geschichte aus dem Neuen Testament lehrt uns ein Drittes: Das Schreien, Kämpfen und Hoffen der Jünger bleibt nicht ohne Antwort. Sie erfahren plötzlich, dass dieser Jesus, der Herr über Leben und Tod, im selben Boot sitzt wie sie. Jesus begleitet die Seinen in den grössten Stürmen des Lebens. Auch in ausweglosen Momenten voller Angst ist er anwesend. Und nicht nur den Jünger, sondern auch uns alle fragt er: Habt Ihr vergessen, dass ich bei euch bin? Warum fürchtet ihr euch so sehr?

Ich bin überzeugt, liebe Gemeinde, dass diese drei Schritte hilfreich sind in unseren Ängsten.

- Die eigene Angst wahrnehmen.
- Sich wachrütteln lassen.
- Sich bewusst werden, dass wir nicht allein in unserem Lebensboot sitzen.

Der Herr gegen die Angst fährt mit in unserem Lebensboot. Unsere Ängste sind nicht einfach verschwunden, aber wir wissen nun, was dagegen hilft. Amen.

Lied (KOL 174) «Vom Aafang bis zum Änd»

Taufe / Gebet

Taufe
Einleitung
Die Taufe hat zu tun mit dem Herrn über die Angst – mit Jesus. Wenn wir heute ein Kind mit Wasser taufen, dann bedeutet das, dass wir es dem Herrn über Leben und Tod anvertrauen. Wir werden uns bewusst, dass sie in ihrem Leben, mit ihren Ängsten, begleitet sind und bleiben.

Die Taufe macht nicht immun gegen die Angst. Aber sie stärkt die Hoffnung, das Vertrauen und den Mut fürs Leben und die Liebe. Die Taufe befreit und macht stark und mutig, gegen die Angst der Welt anzukämpfen und dabei gewiss zu sein, dass der Herr über die Angst mit im Boot ist.

Ich bitte nun, die Taufkinder mit ihren Eltern, Patinnen und Paten nach vorne zu kommen. Die Unterrichtskinder – aber auch weitere Kinder – können ebenfalls kommen, um genau zu beobachten, was bei der Taufe geschieht.

Zuerst müssen wir das Wasser vorbereiten. Welche zwei Kinder giessen das Wasser ins Taufbecken?

Zwei Kinder füllen die Taufschale mit Wasser aus den bereitstehenden Krügen.

Nun suchen wir drei Kinder, welche die Taufkinder nach der Taufe abtrocknen. Wer würde dies tun?

Die Kinder erhalten je ein Handtuch.

Schliesslich brauchen wir noch drei Kinder fürs Anzünden der Taufkerzen an der Osterkerze.

Die Kinder erhalten je eine Taufkerze anvertraut.

Es folgen – hier nicht näher ausgeführt – Taufhandlung

 Fürbitten / Sendung / Segen

Feier mit Taufe zum Ostermorgen

Thomas Schaufelberger

Dieser Gottesdienst beginnt am Ostersonntag um 05:45 Uhr, wenn es noch dunkel ist,vor der Kirche. Der Zeitpunkt und die Art der Feier macht den Anlass zu einem ganz besonderen Erlebnis – gerade auch für Familien mit etwas grösseren Kindern. Der Täufling in diesem Beispiel ist im Konfirmandenalter.

Mitwirkende:
* Sprecher oder Sprecherin
* Zwei bis fünf Männer
* Zwei bis fünf Frauen

Material:
* Osterkerze
* Teelichter
* Holz für ein Osterfeuer
* Liedblatt
* CD-Player und CD
* Fackeln
* Frühstück

 Sammlung / Anbetung

Begrüssung / Einleitung

 Taufe / Gebet

Geschichte der Jünger von Emmaus (1. Teil)

Lied (RG 294 / ru 204): «Bleibet hier und wachet mit mir»

Beginn eines Stationenweges im Dunkeln
1. Station, auf dem Weg zu einem Weiher
Sprecher: Die Jünger von Emmaus sind verzweifelt. Sie trauern über Jesu Tod. Es ist dunkel.

Jünger 1:	Jetzt ist alles vorbei. Ich fühle mich mutlos und leer. Jesus von Nazaret war ein Prophet, er war in Worten und Taten mächtig. Doch dann wurde er zum Tod verurteilt und hingerichtet. Schrecklich! Wir hatten doch immer die Hoffnung, dass er der Messias und der Retter Israels sei. Aber jetzt … jetzt ist alles vorbei!

Eine Frau kommt mit einer Kerze, versucht, mit den Jüngern (nonverbal) Kontakt aufzunehmen; doch sie nehmen sie nicht wahr, die Frau geht wieder weg.

Übertragung für die Teilnehmenden:
Was verhindert in Ihrem Leben, dass Sie das Licht wahrnehmen? Was verbreitet Dunkelheit und was macht traurig?
(Im Hintergrund erklingt leise Musik ab CD)

2. Station, beim Gemeinschaftsgrab auf dem Friedhof

Sprecher:	Die Jünger sind noch immer verzweifelt.

Jünger 2:	Heute Morgen kamen einige Frauen zu uns! Die haben uns einen Schrecken eingejagt! Sie erzählten, sie seien beim Grab gewesen und hätten den Leichnam nicht gefunden! Ein Engel habe zu ihnen gesprochen und gesagt, dass Jesus lebe. Ich kann das nicht glauben!

Frauen kommen mit Fackeln, entfernen sich wieder, sagen, sie seien beim Grab gewesen, es sei leer, Jesus sei auferstanden, er habe das Dunkel, den Tod überwunden, dann entfernen sie sich wieder (gehen in Richtung Kirche weiter).

Sprecher:	Die Jünger trauen dem Licht noch nicht, sondern sind noch immer unsicher.

Übertragung für die Teilnehmenden:
Es fällt schwer, an das Licht zu glauben, denn in der Welt ist es dunkel. Was erhält die Hoffnung aufrecht? Was macht Mut?
(Im Hintergrund erklingt leise Musik ab CD)

3. Station, beim Aussichtspunkt

Die Jünger gehen weiter, entfernen sich von der Gruppe. Die Teilnehmenden verweilen und singen das Lied «La tenèbre». Während des nächsten Liedes «Magnificat» kommen die Jünger jubelnd zurück und erzählen vom Licht, das sie gesehen haben. Sie laden die Gruppe ein, ihnen zu folgen, zum Licht zu kommen.

Jünger	Er lebt, er ist auferstanden. Kommt und seht! Auf unserem ganzen
im Wechsel:	Weg hat er uns begleitet. Aber wir haben ihn nicht erkannt! Erst,
	als er sich mit uns an den Tisch setzte und das Brot brach, haben
	wir erkannt: Er ist es! Er lebt, er ist auferstanden! Kommt, und
	seht selbst!

Die Teilnehmenden folgen den Jüngern bis vor die Kirche. Dort brennt das Osterfeuer.

4. Station, vor der Kirche, beim Osterfeuer
Alle stehen um das Feuer herum, auch die Frauen mit den Fackeln und die Jünger sind dort.

Osterjubel (RG 430): «Gott aus Gott»
Input zur Symbolik des Osterfeuers, zum Licht, das durch die Dunkelheit scheint, zur Kraft dieses Lichts, das die Hoffnungslosigkeit vertreibt.

Osterkerze mit einem Span am Osterfeuer anzünden:
Wir entzünden jetzt die Osterkerze. Sie wird ein Jahr lang in der Kirche brennen und Zeugnis ablegen vom auferstandenen Christus.

Taufe / Gebet

Ansprache
Es ist kein Zufall, dass die ersten Christen insbesondere in der Osternacht getauft haben. Wenn wir jetzt, in der Osternacht, Michael an diesem Osterfeuer taufen, dann spüren und erkennen wir: Die Taufe ist ein Zeichen dafür, dass das Licht der Auferstehung uns alle und heute insbesondere dich, lieber Michael, begleitet – sogar dann, wenn alles um uns herum finster ist, und wir, wie die Jünger, nichts mehr sehen!
Die Jünger führen dir vor Augen, lieber Michael: Für die Taufe ist es nicht nötig, dass du bereits alles erkennst und verstehst – über das Leben und den Glauben, über Gott und die Welt. Die Taufe ist der Anfang eines Weges. Und auf diesem Weg wirst du von Jesus selbst begleitet, der uns zwar manchmal wie ein Fremder erscheint – und es dennoch ist. Du wirst deshalb niemals gänzlich allein sein; Gott wird Dich stützen und tragen, wenn du keine Kraft mehr hast, selber zu gehen. In und mit der Taufe sagt Gott zu dir, lieber Michael: Du sollst und du wirst leben und du sollst das Feuer der Auferstehung immer wieder sehen und selber weiter tragen!
So bitte ich dich näher zu kommen und deine Taufkerze an diesem Auferstehungsfeuer anzuzünden.

Taufhandlung
Michael, ich taufe dich auf den Namen Gottes, der dich so gemacht hast, wie du bist.
Ich taufe dich auf den Namen Jesu, der dich als Freund und Bruder auf deinem Weg begleitet.
Ich taufe dich auf den Namen des Heiligen Geistes, der das Feuer des Lebens in dein Herz trägt.

Gott sagt: «Lass dich durch nichts erschrecken und verliere nie den Mut; denn ich, dein Gott, bin bei dir, wohin du auch gehst.» (nach Jos 1, 9)

Gebet
Gott,
wir danken Dir für Michael.
Wir danken Dir, dass Du ihn begleitest
und mit ihm unterwegs bist.
Wir bitten dich: Zeige ihm Deine Wege.
Schenke, dass er Freunde findet, die ihn unterstützen,
und dass auch wir ihm ein guter Boden sein können,
dass das Feuer des Lebens in ihm und durch in leuchtet und strahlt.
Amen.

Lied

Fürbitten / Sendung / Segen

Abschluss in der Kirche
Alle stehen im Chor der Kirche im Kreis. In der Mitte brennen die Osterkerze und viele kleine Teelichter.

Lied (Taizé-Gesang): «Surrexit dominus vere»
Text und Noten finden sich im Internet auf der Website www.taize.fr unter «Gebete und Gesänge».

Input zum Thema Ostern und Licht.
Alle nehmen sich eines der Lichter.

Der Oster(zu)spruch wird gemeinsam und in verschiedenen Sprachen im Wechsel gesprochen (deutsch, englisch, französisch, italienisch, griechisch).
Sprecher:　　«Jesus ist auferstanden!»
Alle:　　　　«Er ist wahrhaftig auferstanden!»

Segen

Osterlied (RG 488): «Am Morge früeh am Oschtertag»

 ## Begegnung / Rahmenprogramm

Abschluss, Dank und Einladung zum gemeinsamen Frühstück

Gottesdienst zum neuen Unterrichtsjahr mit Taufe im See

Thomas Schaufelberger

Dieser Gottesdienst ist als Freiluft-Gottesdienst konzipiert. Bei schönem Wetter spaziert die Gemeinde nach dem Beginn vor der Kirche hinunter an den See. Auf einer Wiese unter schattigen Bäumen stehen Festbänke bereit. Bei Schlechtwetter findet der ganze Anlass in der Kirche statt.

 ## Sammlung / Anbetung

Eingangswort und Begrüssung bei der Kirche

 ## Begegnung / Rahmenprogramm

Ein chinesisches Sprichwort sagt: «Es gibt nur zwei Dinge, die wir unseren Kindern mitgeben können: Wurzeln und Flügel.» Dieses Sprichwort soll das Thema von heute sein; zu Beginn eines neuen Konfirmandenjahres, zu Beginn eines neuen Schuljahres, am Anfang des Lebens unserer heutigen Taufkinder.

Bevor wir zum See aufbrechen und über das Thema nachdenken, wollen wir unsere Wurzeln und Flügel einmal spielerisch erkunden.

Körperübung
Bitte stellen Sie sich so hin, dass Sie mit Ihren Füssen festen Kontakt zum Boden haben. Atmen Sie tief durch.

Etwas später: Erspüren Sie jetzt ihre Wurzeln, die sie fest mit dem Boden verbinden und Sie sicher stehen lassen.

Etwas später: Jetzt kommen die Flügel dazu, das Ausstrecken gegen den Himmel. Wie ist es, gerade und aufrecht zu stehen, ausgerichtet gegen oben? Wir können die Hände hochhalten ganz weit und versuchen, die Wolken zu berühren.

Lassen wir die Hände wieder sinken und geniessen den neuen Überblick und die Aussicht, die wir haben!

Jetzt besitzen wir beides: Wurzeln und Flügel. Guten Boden und einen aufrechten Gang.

Lied

Jetzt sind wir bereit für den Gottesdienst. Wir spazieren gemeinsam zum See. Unterwegs haben wir Zeit, die Aussicht zu geniessen oder das eine oder andere Gespräch zu führen – vielleicht über den Himmel und die Erde, über Wurzeln und Flügel.
Für all jene, die nicht zum See zu spazieren vermögen, steht ein Fahrdienst zur Verfügung.

Spaziergang zum See

Am See wird die Gemeinde von der Jugendmusikschule musikalisch empfangen.

Taufe / Gebet

Lied (RG 530,1–6 / Kol 38,1–6): «Himmel, Erde, Luft und Meer»

Taufansprache
Wir taufen heute Kinder. Für die Konfirmandinnen und Konfirmanden ist das besonders bedeutsam, denn sie werden dadurch an ihre eigene Taufe erinnert.

Was bedeutet es, getauft zu werden?

Die Taufe verwurzelt einen Menschen. Wenn wir heute Ihre Kind taufen, liebe Eltern und Paten, liebe Angehörige, dann bedeutet dies, dass sie in eine Kultur und in einen Glauben eintauchen. Es ist eine Kultur, die davon spricht, dass jeder Mensch ein von Gott geliebtes Geschöpf ist. Es ist ein Glaube, der dafür einsteht, dass jeder Mensch ein uneingeschränktes Recht auf ein würdiges Leben hat. Es ist eine Tradition, die von der Wichtigkeit erzählt, diesen kleinen Kindern genügend Raum und Platz zu geben in unserer Welt.
So hat die Taufe für die Kinder, aber auch für uns alle, Konsequenzen. Wenn wir ernst nehmen, dass die Kinder Geschöpfe Gottes sind, dann werden wir sorgfältig mit ihnen umgehen. Wenn wir überzeugt davon sind, dass sich in jedem Gesicht etwas von der Liebe Gottes spiegelt, dann werden wir uns dafür verwenden, dass alle Kinder, Frauen und Männer in Würde leben können. Und wenn wir gewiss sind, dass die Zuwendung Gottes allen Menschen gleichermassen gilt, dann bauen wir an einer Welt, welche ein Zuhause und einen sicheren Ort für alle bietet.

Die Tauffamilien werden gebeten, nach vorne zu kommen.

Jesus Christus hat die Botschaft von einem würdigen Leben für alle Menschen mit seinem eigenen Leben bezeugt. Er beauftragt uns, Menschen zu taufen und in die christliche Gemeinschaft aufzunehmen. Und so frage ich Sie, liebe Eltern und Paten: Wollen Sie, dass Ihr Kind getauft wird? Wollen Sie mit ihm im Glauben zusammen leben? So antworten Sie mit «Ja!».

Taufhandlung
Für die Taufe gehen wir nun ans Wasser. Wir taufen die Kinder auf der Treppe zum See. Ich bitte die Tauffamilien, sich in einem Halbkreis aufzustellen. Die Gemeinde bitte ich ebenfalls näher zu kommen und einen weiten Halbkreis zu bilden. Kinder und kleinere Personen vorne, so dass alle eine gute Sicht auf die Täuflinge haben.

Die Gemeinde folgt den Anweisungen und die erste Familie bringt ihr Kind zum Pfarrer.

Nora, du bist ein Kind Gottes. Wir brauchen deine Begabungen und deine Stimme in unserer christlichen Gemeinschaft.
Ich taufe dich
auf den Namen Gottes, der dir wie ein Vater und eine Mutter ist,
auf den Namen Jesu Christi, der dich an der Hand nimmt auf deinem Weg,
auf den Namen des Heiligen Geistes, der dich begleitet und beschützt.
Amen.

Taufspruch (Mt 5,8) «Selig sind, die ein reines Herz haben, denn sie werden Gott schauen.» Amen.

Ich bitte nun eine Konfirmandin, die Taufkerze an der Osterkerze zu entzünden und sie dem Paten zu übergeben.

Es folgt die Taufe weiterer Kinder, der Wechsel der Gemeinde zurück zu den Festbänken und ein Dankgebet.

Lied (RG 181,1–4 / KOL 88,1–4): «Bi de Taufi chömed mir»

Verkündigung

Begrüssung der Konfirmanden

Bis jetzt haben wir nur von euch erzählt. Jetzt aber wollen wir euch sehen – bitte kommt nach vorne, liebe Konfirmandinnen und Konfirmanden!

Da sind sie also, mit Kopf, Herz und Hand – die neuen Konfirmandinnen und Konfirmanden! Wir geben euch nun zwei Wünsche mit für euer Konfirmandenjahr.

Zwei Personen sprechen die Wünsche aus, welche das Bild von Wurzeln und Flügeln aufnehmen. Beispiel:

Flügel sind eine wunderbare Sache. Mit Flügeln können wir über uns selbst hinaus wachsen. Wer Flügel hat, fühlt sich frei und kann das Leben geniessen. Wer fliegt, sieht nicht nur einen Ausschnitt, sondern das ganze Bild. Wer die Hoffnung bewahrt und die Sehnsucht wach hält ist ein Mensch mit Flügeln; ein solcher ist unterwegs zum Himmel und zu den Sternen. Liebe Konfirmandinnen und Konfirmanden, solche Flügel wünsche ich euch!

Musik

Geschichte

Ich erzähle euch eine Geschichte aus dem Leben von Abraham.

Abraham ist weg von seiner Heimat in ein fremdes Land ausgezogen. Er vertraute allein auf die Stimme Gottes, der ihm ein neues Leben und zahlreiche Nachkommen versprach.
Nun ist Abraham seit vielen Jahren unterwegs. Er ist zu einem wohlhabenden Mann geworden: Seine Herden wachsen und auch die Zahl seiner Diener nimmt zu. Abraham und seiner Frau Sara fehlt es eigentlich an nichts ... doch die beiden haben keine Kinder!
Dies lässt Abraham zuweilen am Versprechen Gottes zweifeln. Der alte Mann findet sich schon ein wenig damit ab, dass er – entgegen der Verheissung Gottes – wohl keine Nachkommen haben wird.
Doch mit einem Mal, mitten in der Nacht, hört er die Stimme Gottes: «Abraham, steh auf und tritt vor dein Zelt! Stelle dich mit beiden Füssen fest auf den Boden!» Abraham tut, wie ihm geheissen. «Schau in den Himmel, Abraham! Siehst du die Sterne? Vermagst du alle, die über deinem Kopf ausgebreitet sind, zu zählen?» Staunend starrt Abraham in den Nachthimmel – und hört erneut die Verheissung Gottes: «So zahlreich wie die Sterne, so zahlreich sollen deine Nachkommen sein, Abraham!»

So steht Abraham da, mit den Füssen auf dem Boden und die Augen gegen den Himmel gerichtet. Seine Gedanken versinken im unendlichen Sternenhimmel, er atmet den Hauch der Unendlichkeit – und Abraham glaubt! Amen.

Wir singen ein bekanntes Kinderlied, das viel mit diesem Sternenblick von Abraham zu tun hat.

Lied (RG 531,1–3 / KOL 41,1–3): «Weisst du, wie viel Sternlein stehen»

Kurze Vertiefung zum Thema «Auf dem Boden verwurzelt, dem Himmel entgegen».

Musik

 # Fürbitten / Sendung / Segen

Fürbittegebet
im Wechsel gesprochen

Gott,
wir bitten Dich für alle Kinder und Jugendlichen, welche in diesen Tagen in eine neue Klasse kommen, ein neues Schuljahr beginnen oder am Anfang ihres Konfirmandenjahres stehen. Gib Du ihnen Wurzeln, damit sie fest verwurzelt stehen können. Schenke Du ihnen Flügel, damit sie sich in die Freiheit aufmachen können.

Gott,
begleite Du alle Kinder und Jugendlichen dieser Erde.
Begleite Du diejenigen, die sich entwurzelt fühlen;
schenke Du jenen Flügel, die am Boden zerstört sind.
Sei bei ihnen in Zeiten der Not und lege Deine Arme um sie in ihrer Trauer.
Lass sie erfahren, wie wichtig sie für die Zukunft der Welt sind.
Amen.

Es folgen – hier nicht näher ausgeführt – Lied, Mitteilungen, Unservater-Gebet, Segen und Ausgangsspiel.

Gottesdienst mit Taufe und einer Predigt zum Thema Patenschaft

Mit Textbausteinen von Thomas Schaufelberge

In diesem Beispiel sind nur einzelne Elemente näher ausgeführt. Ergänzt werden sie durch Elemente, die in ähnlicher Form in den anderen Beispielen und Texten bereits beschrieben sind.

 ## Sammlung / Anbetung

Eingangswort / Begrüssung

(…)
Ich heisse heute insbesondere Lukas, Anna und Simon mit ihren Eltern, Geschwistern und Paten willkommen. Die Geburt eines jeden Kindes ist ein Zeichen dafür, dass Gott die Welt nicht aufgegeben hat. Als christliche Kirche schätzen wir deshalb die Kinder sehr und wollen ihnen Raum und Platz geben.
(…)

 ## Taufe / Gebet

Eine Zeit für Kinder

Während der Organist uns die Melodie des nächsten Liedes vorspielt, dürfen alle Kinder jetzt nach vorne kommen – auch die Geschwister der Täuflinge.
Die Kinder kommen nach vorne.
Wir bereiten jetzt die Taufe vor. Schauen wir, ob alles vorhanden ist! Was braucht es für die Taufe? Wer weiss es? Wo ist es?
Die Kinder antworten und weisen im Dialog hin auf Wasser, Osterlicht, Taufkerzen, Musik, Handtuch usw.

Ein Lied begleitet die Taufe unserer drei Kinder. Es ist eine Vertonung des Psalms 23. Wir singen nach jeder Taufe eine Strophe. Und damit wir das Lied dann auch kräftig singen können, üben wir gleich einmal den ersten Vers.

Lied (RG 18,1–3): «Der Herr, mein Hirte, führet mich»

Liebe Kinder, was meint ihr? Ist jetzt alles bereit für die Taufe?

Die Tauffamilien werden nach vorne gebeten.

Taufansprache

Ein grosser gemeinsamer Tisch ist mir bei meinem Besuch in der Wohnung der einen Tauffamilie als erstes aufgefallen. An einem solchen Tisch finden alle Familienmitglieder Platz – um zu essen und zu trinken, um zu spielen und zu lachen, um zu plaudern und zu zeichnen. Die Geschwister von Fabian haben dort diese wunderschöne Zeichnung gemacht. Ich stelle mir vor, dass dies in den Wohnungen der Tauffamilien häufig geschieht: Man sitzt gemeinsam am grossen Tisch und spricht miteinander. Dies ist eine schöne Vorstellung, eine die auch als Bild für die Taufe gilt.

Taufe heisst: Ich habe einen Platz am Tisch meiner Familie erhalten. Einen Tischplatz zu haben heisst: Ich habe ein Zuhause, einen Ort, an dem ich bekomme, was ich brauche – Essen, Trinken, Liebe, die ich brauche, wie die Luft zum Atmen. Das Tischblatt ist gleichsam die Grundlage für die ersten Schritte in ein eigenes Leben. Hier lerne ich, was es heisst, ein freier und mündiger Mensch zu sein. Die Bedeutung der Taufe geht aber über den Tischrand in den eigenen vier Wänden hinaus.
Getauft zu sein heisst: Ich bekam einen Platz am grossen Tisch der weltweiten, christlichen Gemeinschaft. Ich habe ein Zuhause über die Zeit als Kind und Jugendliche/Jugendlicher hinaus. Dieser Tisch steht im Zentrum unserer Kirche. Auch dieser Tisch wird zum Ort, den ich brauche. Er ist Zeichen dafür, dass ich nicht auf mich allein gestellt bin. Ich kann nur leben, wenn ich in eine grössere Gemeinschaft eingebettet bin, wenn ich zusammen mit anderen Menschen unterwegs bin.
Und schliesslich weist die Taufe auf etwas Drittes hin. Ich habe einen Platz am Tisch Gottes. Und dieses Tischblatt ist Grundlage für das, was mich letztlich zum Menschen macht. Ich erlebe Hoffnung, erfahre, dass es das Leben gut mit mir meint. Ich kann Vertrauen fassen in Gott und die Menschen.

(…)

Gebet
Gott
Wir danken Dir für das Geschenk dieser Kinder.
Sie haben alles, was sie zum Menschsein brauchen:
Augen und Ohren, Hände und Münder, Verstand und Gefühl.
Sie werden sehen können, wie schön deine Welt ist
und wie gut das Gesicht ihrer Mutter und ihres Vaters.
Sie werden Leid und Ungerechtigkeit sehen
und gefragt werden, was sie dagegen tun wollen.
Sie werden lachen, weil das Leben einfach kostbar ist;
und sie werden weinen, weil man ihnen wehtut.

Gott
Wir vertrauen Dir die Kinder an.
Bleibe bei ihnen auf allen ihren Wegen.
Mache sie bereit, in dieser Welt für die Liebe einzutreten
und sich allem entgegenzustellen, das sich Dir entgegen stellt.
Sei Du bei ihnen alle Tage und Stunden.
Amen.

(…)

 ## Verkündigung

Predigt
Bezug nehmend auf die Schriftlesung Lukas 24,13–32, Der Gang nach Emmaus, nach Jörg Zink

Liebe Gemeinde!
Es war an einer Konfirmation vor etwas mehr als einem Jahr, an der die Konfirman-dinnen und Konfirmanden ein Ritual erfanden, das mich beeindruckte. Sie wollten ihren Paten danken – für die Begleitung und Unterstützung seit der Taufe. So nahm jeder Konfirmand ein Stück eines feinen Zopfbrotes und brachte es seinem Paten und seiner Patin im Kirchenschiff.

Paten zu haben, ist für Kinder unendlich wichtig. Ich habe jemanden, der mich be-sucht; jemanden, für den ich besonders und einzigartig bin; jemanden, den ich nicht mit den Geschwistern teilen muss. Das ist für viele Kinder etwas Grossartiges – und nicht nur für Kinder. Die meisten von Ihnen werden sich an den eigenen Paten und an die eigene Patin lebhaft erinnern. Wer waren Ihre Paten? Welche Erinnerungen tauchen auf? Und haben Sie heute noch Kontakt mit ihnen?
Die Erinnerung an die eigenen Paten ist für uns Erwachsene gleichzeitig eine Erin-nerung an unsere Taufe. Nicht umsonst heissen sie in der deutschen Sprache auch «Taufzeugen». Sie zeugen von unserer Taufe. Das deutsche Wort «Pate» kommt vom lateinischen Pater, was Vater oder Gevatter heisst.
Für mich hat das, was in der Aufgabe der Paten zum Tragen kommt, sehr viel mit Religion zu tun. In der Beziehung zu den Paten erleben die Kinder etwas von dem, wie Gott ist. Und sie werden – wie wir – immer wieder an die eigene Taufe erinnert. Wenn ich daran denke, dass die Patin durch ihr schlichtes Dasein für das Kind schon unendlich wichtig ist – dann erinnert mich das an einen Gott, der immer für mich da ist und durch sein Dasein auch für mich unerhört wichtig ist. Im Dasein der Paten für ein Kind schimmert das Göttliche hindurch.

Wenn ich daran denke, dass ich den Paten nie selber ausgesucht habe und er trotzdem zu mir hält und mich ein Stück weit begleitet, dann erfahre ich darin einen Gott, der schon zu mir hält, bevor ich ihn wählen oder bevor ich mich für ihn entscheiden konnte. Einen Gott, der mir so viel Vertrauen entgegenbringt, dass ich leben kann und zu echten Begegnungen befreit werde. So wird Gott sichtbar zwischen den Zeilen des Alltags.

Wenn ich daran denke, dass die Patin einem das Gefühl gibt, einzigartig zu sein, erfahre ich darin etwas von einem Gott, der mich in meiner Einzigartigkeit bestärkt, für den ich – mit allem, was ich bin und mitbringe – grossartig, wichtig, bedeutsam bin, und der mir Würde zuspricht. Dies ist ein Geheimnis, das mehr beinhaltet als mit Worten zu sagen ist.

Zu mir gehört ein Pate, auch wenn er nicht Teil meiner Familie ist. Die Alte Kirche nannte das eine geistliche Verwandtschaft. Dieser Sachverhalt ist ein Gleichnis für einen Gott, der mir in den Gesichtern fremder Menschen begegnet.

Und schliesslich: Wenn ich daran denke, wie das Wort und der Rat einer Patin wirken können, weil sie nicht Teil der eigenen Familie und mir doch nah ist, weil ihre Stimme von aussen kommt, dann erinnert mich das an einen Gott, auf dessen Wort von aussen ich angewiesen bin. Ein Gott, der ausserhalb meines Systems steht und mich deshalb daraus befreien kann.

Junge Menschen sind vom Moment der Taufe an auf dem Weg ihres Lebens. Die Paten begleiten sie – mehr oder weniger. Eine solche Begleit-Geschichte haben wir vorher in der Textlesung gehört. Wie wäre es, diese Geschichte als Paten-Geschichte zu lesen und gleichzeitig als Gleichnis für den Glauben? Ich versuche, sie als Tauferinnerungsgeschichte neu zu erzählen:

Als Lukas, Anna und Simon – inzwischen grösser geworden – eines Tages auf dem Heimweg nach dem Konfirmanden-Unterricht miteinander diskutierten, merkten sie, dass sie ganz ähnlich dachten, fühlten und sich mit denselben Fragen und Problemen herumschlugen. Sie alle waren in einem Alter, in dem die Ablösung von den Eltern bevorstand – das gab hin und wieder Konflikte und Schwierigkeiten. Ausgang – wie oft und wie lange, war eine Frage. Ähnliche Konflikte tauchten bei der Einrichtung und dem Unterhalt des eigenen Zimmers auf oder der Planung der Ferien – mit Kollegen oder der Familie. Wie nur kann es ein Gleichgewicht geben zwischen Sehnsucht nach Freiheit und dem Wunsch nach Geborgensein in der Familie?

Während sie miteinander sprachen und rätselten, näherte sich einer ihrer Paten, der im gleichen Dorf wohnte, und gesellte sich zu ihnen. «Über welche Geschichten unterhaltet Ihr euch?», fragte er. Die drei blieben ein wenig traurig und verdrossen stehen; der eine antwortete: «Wir und unsere Eltern sind einfach in einem schwierigen Alter. Wir fühlen uns manchmal von allen unverstanden. Und wir haben gleichzeitig Mühe, Gott und die Welt zu verstehen – und uns selber. Wir wissen oft gar nicht so genau, wer wir eigentlich sind.»

Der Pate hörte aufmerksam zu, überlegte eine Weile und begann schliesslich zu reden. Er erzählte von seiner eigenen Jugend und von seinen Fragen, die ihn damals umtrieben, von den Schwierigkeiten, die er mit seinen Eltern damals hatte. Er erzählte davon, dass das nicht so bleiben würde und berichtete von seinem eigenen Glauben und seinen Zweifeln. Er schilderte, wie er Gott und die Welt verstand.

Mittlerweile näherten sie sich dem Haus eines der drei jungen Menschen. Der Pate aber tat so, als wolle er weitergehen. Sie baten ihn aber dringend: «Bleib bei uns! Es ist Abend, bald wird es dunkel sein!» So ging er mit ihnen ins Haus und blieb bei ihnen.

Da geschah es: Während sie zusammen am Tisch sassen und Brot mit Butter und Käse assen, hatten alle denselben Gedanken. «Gut, dass wir Paten haben! Sie sind wichtig für uns. Wie eine dritte Partei zwischen uns und unseren Eltern. Ein neutraler Standpunkt in der spannenden Zeit unseres Alters.» Und dann dachten sie auch an den Konfirmandenunterricht zurück, den sie soeben hinter sich hatten. Der Pfarrer hatte von ihrer Taufe fünfzehn Jahre zuvor erzählt und erwähnt, dass er damals über die Paten gepredigt hätte. Und vielleicht – so dachte jeder der drei – stimmt es ja wirklich: Dass im Paten oder in der Patin etwas davon aufblitzt, wie Gott ist und was Glaube bedeuten kann; nämlich: Ich bin begleitet, ich bin wichtig, ich bin nicht allein. Mir ist das Leben gegeben wie ein Geschenk, ohne dass ich es wählen musste oder konnte.

Und – noch in diesen Gedanken versunken – verabschiedete sich ihr Pate, ebenfalls angeregt durch das gemeinsame Stück Weg, dass sie alle an diesem Abend zurückgelegt hatten.

(…)

Tauferinnerung

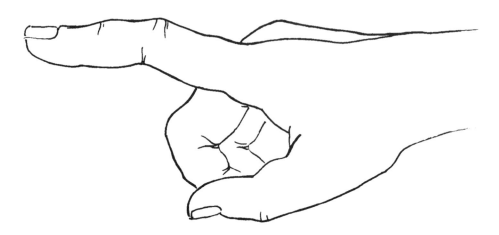

Gottesdienst zur Taufgegenwärtigung

Manuela Liechti-Genge

 Sammlung / Anbetung

- Eingangsspiel
- Begrüssung
- Lied (Einführung)

Sammlung / Anbetung

Einleitung ins Lesen der Namen
Lesung der Namen (Aufgeteilt im Wechsel mit dem eingeführten Lied)

- Lesung eines Teils der Namen aller Täuflinge des vergangenen Jahres (ohne Datum, nur am Anfang Zeitspanne angeben, etwa: «vom Januar bis Mai sind getauft worden: …)» dazu leise Orgelmusik / Lied / Lesung …

Verkündigung

Einleitung Taufweg
Taufweg (dazu Orgelmusik)

- Taufgeschirr/Wasser
- Taufkerze
- Mobile mit Tauben
- Taufbild
- Götti mit Gebeten
- Spiegel: Hier sehen sie ein Ebenbild Gottes
- Taufformel und Schein
- Seidenfenster
- Salbung und Segnung
- Kindergebet (bei Gebetbuch)

Fürbitten / Sendung / Segen

Gebet
Mitteilungen
Lied (RG 702,1.4.5): «Kumbayah, my Lord»
Segen
Ausgangsspiel

Begegnung / Rahmenprogramm

Anschliessender Imbiss im Kirchgemeindehaus

Einladungsbrief zum Tauferinnerungsgottesdienst

Liebe Taufeltern

Sie haben im letzten Jahr Ihr Kind taufen lassen. Vielleicht liegt die Taufe schon eine gute Weile zurück, vielleicht hat sie erst vor kurzem stattgefunden. Wir hoffen, dass Sie eine schöne Tauffeier erlebt haben und gerne an diesen Tag zurückdenken.

Nun feiern wir in unserer Kirchgemeinde immer an einem Sonntag im Januar am späteren Nachmittag einen

Krabbelgottesdienst für die getauften Kinder des letzten Jahres. Dieser findet dieses Jahr (Datum, Zeit, Ort) statt.

Dazu möchten wir Sie, Ihr Kind (und seine Geschwister), die Grosseltern und die Paten ganz herzlich einladen!

Anlässlich dieses Gottesdienstes werden auch die Seidenfenster verteilt, auf welchem der Name Ihres Kindes sowie sein Tauftag stehen. Anschliessend an den Gottesdienst besteht zudem die Möglichkeit, bei einem einfachen Imbiss (u.a. mit Griessbrei für die kleinen – und grossen – Schleckmäuler) im Kirchgemeindehaus noch für eine Weile zusammenzusitzen.

Wir hoffen nun, Sie für diesen Anlass «gluschtig» gemacht zu haben, und würden uns sehr freuen, Sie am 16. Januar begrüssen zu dürfen!

Da die Paten und Grosseltern keine spezielle Einladung erhalten, möchten wir Sie freundlich darum bitten, diese einzuladen, wenn Sie sie dabei haben möchten, vielen herzlichen Dank.

Freundliche Grüsse

Reflexion der Taufvergegenwärtigung

Hintergrund dieser Feier

Die Taufe von kleinen Kindern im ersten Lebensjahr ist nach wie vor die üblichste Form der Taufe in unserer Kirchgemeinde, auch wenn sie – aus verschiedenen Gründen – zunehmend an Selbstverständlichkeit verliert. So feiern wir in unserer Kirchgemeinde mit rund 6500 reformierten Mitgliedern pro Jahr 40–50 Taufen.

Das heisst konkret, dass in mehr als der Hälfte unserer Gottesdienste getauft wird. Das ist nach wie vor beachtlich. Allerdings sind wir statistisch gesehen eine Gemeinde mit einem überdurchschnittlich hohen Anteil an Familien – in anderen Kirchgemeinden wird es darum anders aussehen.

Jedes Taufalter hat seine Vor- und Nachteile, hat seine spezifischen theologischen Implikationen und seine jeweilige biographische Gestalt.

Wer also z.B. als kleines Kind getauft wird, wird sich in der Regel später nicht mehr bewusst daran erinnern. Das wiederum kann heissen, dass die Taufe als Teil der eigenen Biographie kaum mehr wahrgenommen wird.

Mit dieser Taufvergegenwärtigungsfeier, zu der wir Tauffamilien der letzten zwölf Monate einladen, möchten wir den Eltern, Grosseltern, Patinnen und Paten der Taufkinder einen ersten Anstoss geben, die Taufe nicht der Vergessenheit anheimzugeben, sondern sie zusammen mit ihren Kindern zu entdecken als eine Verheissung, die ein Leben lang gilt.

Konkreter Anlass für eine erste solche Feier war die Frage nach der Form der Übergabe der Seidenrondellen mit den Namen und Taufdaten der Täuflinge in unserer Kirche an die Eltern. Für jedes getaufte Kind wird ein solches Seidenfenster gemalt. Dieses wird am Tauftag des Kindes in der Kirche aufgehängt und bleibt dort bis zu besagter Feier, wenn es den Eltern als kleine Erinnerungshilfe an den Tauftag ihres Kindes mitgegeben wird.

Noch eine Bemerkung zur Begrifflichkeit: Sehr oft wird in diesem Zusammenhang von Tauferinnerungsfeier gesprochen. Ich ziehe das Wort «Taufvergegenwärtigung» vor, auch wenn es sprachlich etwas sperriger ist. Denn das Wort «Tauferinnerung» gibt vor, dass die Taufe in der Erinnerung abgerufen werden kann. Das ist aber (siehe oben) nur bedingt so.

Zur Form der Feier

Zur Feier, welche an einem Sonntag im Januar um 16.00 Uhr stattfindet, werden die Kinder eingeladen, die im vergangenen Jahr getauft worden sind – samt ihren Eltern, Geschwistern, Patinnen, Paten und Grosseltern. Viele Tauffamilien nehmen diese Einladung denn auch sehr gerne als ganze Taufgesellschaft wahr.

In ihrer Gestalt richtet sich die Feier sowohl an Erwachsene wie auch an Kinder. Allerdings liegt es in der Natur der Sache, dass eine Mehrheit der Elemente primär die Erwachsenen ansprechen mag – und über die Erwachsenen dann auch die Kinder. So wird etwa eine Patin, wenn sie beim Verlesen der Namen denjenigen ihres Patenkindes hört, diesem Kind zulächeln. Auch wenn das Kind hier vielleicht nicht verstehen kann, worum es genau geht, so wird doch das Lächeln der Patin bei ihm ankommen. Neben denjenigen Elementen, die vor allem die Erwachsenen ansprechen, hat es durchaus auch Teile, die direkt dem Kind gelten: die Station mit der Segnung etwa.

Der Aufbau der Feier ist zweiteilig. In einem ersten Teil werden alle Namen der getauften Kinder verlesen. In einem zweiten Teil begeben sich die Tauffamilien auf einen «Taufweg» durch die Kirche – das ist eine Art «Postenlauf» mit vielen Stationen rund um das Thema Taufe. Hier kann dem Bewegungsdrang der Kleinen stattgegeben werden, und es wird eine Möglichkeit eröffnet, als Familie oder als Taufgesellschaft gemeinsam in der Kirche «unterwegs» zu sein.

Diese zweiteilige Grundform der Feier in der Kirche (Verlesen der Namen und Taufweg), hat sich in den vier Jahren, in welchen wir die Feier bereits anbieten, bewährt.

Die Stationen des Taufweges

Diese Stationen sind grundsätzlich erweiterbar und veränderbar – je nach Inspiration der Liturginnen und Liturgen! Für eine weitere Feier würde ich unbedingt einen «Grosselternposten» einbauen, denn diese kommen recht zahlreich.

Im Folgenden werden einige Möglichkeiten aufgezeigt:

- Ein Mobile mit weissen Tauben (fasziniert auch kleine Kinder)
  Thema: Heiliger Geist, Kraft aus Gott

- In einer dunklen Ecke der Kirche: Eine brennende Taufkerze
  Thema: Licht, das die Nacht vertreibt

- Ein Schale mit Wasser
  Thema: Wasser des Lebens

- Beim Gebetbuch in der Kirche:
  Kindergebete zum Mitnehmen

- Ein freundlicher Götti (angeschrieben mit einem Schild: «Götti») mit einem Körbchen mit «Göttigebeten.» Dieser wird dann sehr oft schmunzelnd von den Gottesdienstteilnehmerinnen angesprochen.

- Bilderrahmen mit einem Taufschein

- Ein Spiegel von einem Vorhang verdeckt, dazu die Aufforderung: Lüften Sie den Vorhang. Dahinter ein Spiegel mit der Inschrift: Hier sehen Sie ein Ebenbild Gottes.

- In grossen Sprechblasen auf Papier: Aussagen von Patenleuten darüber, wie sie ihr Amt verstehen.

- In der Kirche aufgehängt: Die Seidenrondellen mit den Namen der Täuflinge und dem jeweiligen Taufdatum. Diese können abgeschnitten und mitgenommen werden.

- Segensstation: Pfarrpersonen stehen mit einem Ölgefäss bereit. Hier können die Eltern ihre Kinder segnen lassen oder sie selber segnen. Pfarrerinnen/Pfarrer zeichnen das Kreuz auf die Stirne der Kinder (nicht nur bei den Täuflingen, sondern auf Wunsch auch bei deren Geschwistern) und sagen dazu: Gott behüte dich auf allen deinen Wegen.

Einige Beobachtungen zum Segensposten

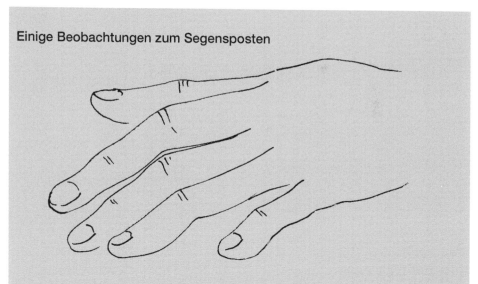

Ein besonderer Posten war und ist derjenige, an welchem die Kinder gesegnet werden können. Anders als die Taufe ist der Segen wiederholbar. Auch entspricht er offenbar einem tiefen Bedürfnis vieler Eltern. Tatsächlich war es eindrücklich zu beobachten, dass fast alle Eltern ihre Kinder zum Segnen brachten – meist zu der Pfarrperson, die ihr Kind auch getauft hatte. Diese erneute Möglichkeit der Begegnung wurde dann auch sehr geschätzt. Die Kinder selber reagierten auf das Segensangebot jeweils unterschiedlich. Während die einen sich erwartungsvoll näherten und ihr Köpfchen hingebungsvoll für den Segen hinhielten, gab es andere, die sich davor scheuten, plötzlich von einer doch recht fremden Person berührt zu werden. Zwar wurde in der Feier ausdrücklich betont, dass der Segen Gottes nicht einfach von diesem einen Akt abhänge – trotzdem blieb es eine Frage, wie das Erleben für diejenigen Eltern sein musste, deren Kinder den Segen abgelehnt hatten.

So haben wir für das kommende Jahr (2006) nach einer andern Lösung gesucht. Unbestritten war: Auf eine Segensstation wollten wir nicht verzichten. Ebenso klar war, dass auch eine Begegnungsmöglichkeit zwischen den Pfarrpersonen und den Tauffamilien erhalten bleiben sollte.
Die Lösung war die:
Die Segensstation war nicht mehr an die Pfarrpersonen gebunden. Auf einem Tischchen in der Kirche standen drei Ölgefässe bereit, und mit einem entsprechenden Text wurden die Tauffamilien eingeladen, ihre Kinder selber zu segnen:
Segen: Neben der Taube ist auch Öl ein Zeichen für die Kraft und den Schutz Gottes und wurde schon von alters her in der Kirche zum Segnen gebraucht. Die Watte dieser Döschen ist mit Öl getränkt. Wenn Sie möchten, können Sie damit Ihr Kind segnen, indem Sie einen Finger in die Watte tunken und damit Ihrem Kind ein Kreuz auf die Stirn zeichnen und dazu ein gutes Wort sagen, zum Beispiel: «Gott segne dich» oder «Gott behüte dich.» Oder ganz einfach: «bhüeti Gott».
Diese Lösung hat sich bewährt, und es wurde sehr intensiv von dieser Möglichkeit Gebrauch gemacht.

Um trotzdem noch eine Begegnungsmöglichkeit zu haben zwischen Pfarrpersonen und den Tauffamilien, haben wir Pfarrpersonen uns neu vorn in der Kirche mit einer Schale Wasser aufgestellt. Hier konnten sowohl Erwachsene wie Kinder zur Taufvergegenwärtigung die Hand ins Wasser halten und – wenn sie wollten – damit ihre Stirn berühren. Und da wurde denn auch fröhlich und ohne Scheu geplanscht!

Schlussbemerkung

Ganz wichtig ist bei diesem Anlass jedoch nicht nur die Feier in der Kirche, sondern auch der anschliessende Imbiss (mit Griessbrei für die Kleinen!) im Kirchgemeindehaus, wo die Möglichkeit besteht, auch mit andern jungen Familien der Gemeinde ins Gespräch zu kommen.
Den Griessbrei schätzen übrigens nicht nur die Kinder, sondern auch einige Grossväter. So hat mir in diesem Jahr ein Grossvater mit einem Leuchten in den Augen anvertraut, es sei schon wieder ein Enkelkind unterwegs, und er freue sich schon jetzt auf den Griessbrei im nächsten Jahr…

Tauforientierter Gemeindeaufbau

Was ist TOGA?

TOGA ist kein Konzept, sondern eine innere Haltung, die in einer theologischen Entscheidung gründet: mit der Taufe beginnt ein Weg des Glaubens. Auf diesem Weg will die Kirche ein unterstützender, ermutigender, verlässlicher Gefährte sein. Diese Weggefährtenschaft gestaltet jede Kirchgemeinde gemäss ihren Ressourcen und in ihren Farben.

Wie kann TOGA in der Kirchgemeinde eingeführt werden?

1. In Ihrer Kirchgemeinde finden Taufen statt. Hier knüpfen wir an. Hier setzen wir die TOGA-Brille auf. Die Fragen, die uns dabei leiten: Was vernehmen, erleben Familien, wenn sie ihr Kind «zur Taufe bringen»? Was/wer kommt ihnen beim Taufgespräch und im Gottesdienst entgegen? Was nehmen sie mit? Wen lernen sie kennen? Dabei geht es nicht nur um eine Bestandesaufnahme, vielmehr um die Erweiterung unserer Möglichkeiten und Fertigkeiten.

2. Man könnte es so sehen: Nach der Taufe hat der Säugling – und die Eltern – vorerst mal Ruhe von der Kirche … ungefähr sieben Jahre lang … Erst in der zweiten Klasse beginnt der für die Konfirmation verbindliche Unterricht. Aber: Wie wird die Weggefährtenschaft in der Zwischenzeit eingelöst? – Folgende Aufteilung in drei verschiedene Ansprechgruppen ist zur Beantwortung dieser Frage hilfreich:

- Kinder: Darin haben die Kirchgemeinden schon langjährige Erfahrungen. Kinder kommen ohne Eltern in die Sonntagschule und Kinderlehre, heute in den Kolibri und die Jugendgottesdienste. Immer mehr Kirchgemeinden bieten auch in den Ferien Anlässe für Kinder an. Verschiedenste Formen von Mittagstischen und Betreuungsangeboten haben sich etabliert.
- Eltern: Zu welchen Anlässen laden wir Eltern ohne ihre Kinder ein? In den letzten zwei Jahren wurde die kirchliche Elternbildung wieder vermehrt Thema. Es fanden auch zwei Ausbildungsgänge für kirchliche Mitarbeitende zu «Elternbildner/in Starke Eltern – Starke Kinder®» statt.
- Familien: Auch hier besteht eine (neuere) Tradition. Familiengottesdienste werden nunmehr durch die Einführung des rpg sogar gestützt und gefördert. Seit ein paar Jahren bieten Kirchgemeinden auch mit bemerkenswertem Erfolg Familienfeiern wie das Fiire-mit-de-Chliine oder Eltern-Kind-Singen an.

Der Möglichkeiten sind viele, unsere Ressourcen aber beschränkt. Darum überlegen wir, welches die wirkungsvollsten Wege für uns sind. Was wollen wir unbedingt anbieten? Was erproben wir? Was passt zu uns und unserer Kirchgemeinde? Warum tun wir dies, und jenes nicht?
Diese Fragen zeigen an, dass Kirchgemeinden einen Spielraum haben und tatsächlich ihre eigene Farbe einbringen können. Sie können sich «profilieren».

3. Wie wird aus dem punktuellen Ereignis «Taufe» eine Weggefährtenschaft? Wie schaffen nicht nur wir (von der Kirche), sondern auch die Taufeltern den Perspektivenwechsel? Diese Frage fordert uns heraus, die Schnittstellen und Übergänge zu prüfen. Wie verbinden wir z.B. Taufe mit dem Eltern-Kind-Singen?

Die Fachstelle Vorschulalter der Zürcher Kantonalkirche begleitet Kirchenpflegen, rpg-Kommissionen und Gemeindekonvente auf ihrem «TOGA-Weg» mit Impulsen und Unterstützung bei der langfristigen Umsetzung.

Zwei Beispiele

Durch die Taufe kommen Kirche und Familie miteinander in Kontakt.

Folgendes Beispiel stammt von Christian Randegger.

- **Nach der Geburt** wird die Familie von einem Gemeindeglied im Namen der Kirchgemeinde besucht. Es wird gratuliert und als kleines Geschenk eine Sternenpuppe überbracht.
- In der Folge werden regelmässig die **Elternbriefe** «Wegzeichen» zur religiösen Begleitung von Kindern zugestellt (www.kik-verband.ch).
- Nach geäussertem Taufwunsch durch die Familie erfolgt ein **Taufbesuch** zuhause mit Hausaufgaben für Familie – vgl. aber den Art. von Chr. Müller, S. 54 ff
- **Telefon** am Vorabend der Taufe. Nachfrage, ob alles geklärt ist.
- **Taufe** mit Abgabe einer Urkunde.
  Beim ersten Kind wird zusätzlich ein Buch überreicht.
    (z.B. Regine Schindler, Alfred Schindler: Unser Kind ist getauft, ein Weg
    beginnt. ISBN 3-7806-0485-X)
  Beim zweiten Kind wird ein Bilder- und Singbuch geschenkt.
    (z.B.: Liebe Gott, du ghörsch mis Lied. Mundartlieder für Kinder. Hrsg. Christine Coulter, Markus Neurohr, Claire Schmid. ISBN 3-905282-01-1)
- **Einladung** zum Kirchenkaffee, respektive Apéro. Abgabe von **Informationsmaterial** zu den Kleinkindergottesdiensten «Fiire mit de Chliine».
  Dieses Modell kann weitergeführt werden durch:

- ein jährliches Angebot von **Wochenenden für Männer mit Kindern.** Angesprochen sind Väter, Paten, Grossväter, Onkel. Die Männer erleben gute Männergemeinschaft, die Kinder erfahren besondere Zuwendung und die Mütter werden entlastet.
- jährlicher **Familienbrunch** der Kirchgemeinde. Eingeladen dazu werden z.B. alle Familien mit Kindern, die im vergangenen Jahr den ersten bis dritten Geburtstag feiern konnten. Bei den Formulierungen der schriftlichen Einladung ist darauf zu achten, dass die verschiedenen Familienformen berücksichtigt werden.
- regelmässige **Elternbildungsangebote**

Neben Angeboten zur Begegnung und Bildung und den gottesdienstlichen Feiern ist die *diakonische Präsenz* zu Gunsten der Familien gemeinsam mit anderen Trägerschaften zentral wichtig.

Stichworte sind:
- Familienentlastende Kinderbetreuung
- Mittagstisch für Gross und Klein mit Ludothek und Spiel-Infrastruktur
- Beratungsangebote (Budgetberatung, Paarberatung, Erziehungsberatung usw.)
- Kleiderbörse, Spielwarenbörse
- Für Familien mit älteren Kindern z.B. Aufgabenhilfe, Gesprächsgruppe für Eltern von pubertierenden Kindern

Anknüpfungspunkte zwischen Familie und Kirche schaffen

nach Anregungen von Andreas Manig

Leitidee:
Die verwendeten Symbole, Tätigkeiten und Angebote im Bereich «Kinder und junge Familien» beziehen sich aufeinander.

Beispiele:
- Bei der Taufe wird den Familien die Kinderbibel der Deutschen Bibelgesellschaft geschenkt. Durch dieses Buch führt als Leitfigur ein Wiedehopf. Dieser «Wido» ist sehr neugierig und nimmt interessiert Anteil an den biblischen Erzählungen.
Im Eltern-Kind-Singen der Kirchgemeinde taucht der Wiedehopf als Plüschfigur wieder auf und rappt regelmässig beim Begrüssungs-Sprechgesang kräftig mit.

- Bei der Taufe erhält der Täufling eine Kerze. Sie ist nicht individuell gestaltet, sondern trägt dasselbe Symbol wie die grosse Osterkerze im Kirchenraum.
Kommt die Familie mit ihren Kindern zu einem späteren Zeitpunkt wieder in die Kirche, so treffen sie etwas Bekanntes an, das sie an die vergangene Taufe erinnert und mit «ihrer» Kirche verbindet. Es wird deutlich, «hier gehören wir dazu!».

- Den Eltern und Paten wird angeboten, zur Taufe ihres Kindes eine individuelle Taufblüte zu gestalten. Dieses Angebot wird jeweils gerne von einem Mitglied der Tauffamilie angenommen. Bei der Feier wird die Blüte an einem «Taufbaum» im Kirchenraum befestigt, an dem bereits andere Blüten hängen.
Nach einem Jahr werden die Familien eingeladen, ihre Blüte im Rahmen einer kleinen Feier abzuholen. Dieser Anlass vergegenwärtigt die Taufe. Er entspricht in seiner Form dem Eltern-Kind-Singen und dient so als Brücke und Ermutigung zum Besuch weiterer Anlässe.

Literaturhinweis:
Familien in der Kirche. Inspirierende Beispiele aus und für Kirchgemeinden. Hrsg: Evangelisch-reformierte Landeskirche des Kantons Zürich. Gemeindedienste, Pädagogik und Animation, Hirschengraben 50, 8001 Zürich (2009)

TEIL III
TAUFE GESTALTEN

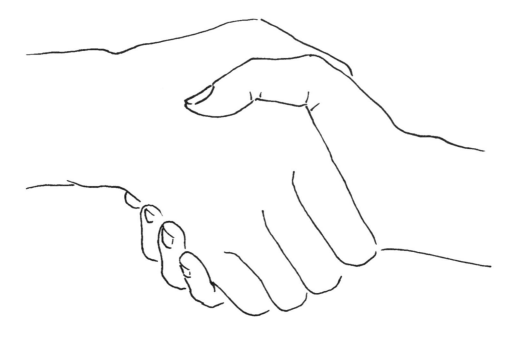

Taufsprüche
(Kopiervorlage für die Vorbereitung der Eltern auf das Taufge-
spräch)
Das Strickmuster «Dreifaltigkeit und Leitsymbol»
Tauflieder

Die folgende Sammlung von Taufsprüchen basiert auf Material von Christian Randegger. Sie dient zur Vorbereitung der Eltern auf das Taufgespräch.

Taufsprüche

Sehen Sie die Liste durch und sprechen Sie miteinander über Ihre Gedanken.

- Wie verstehen wir diesen Spruch?
- Wie passen diese Worte zu unserem Kind und zu unserer Situation?
- Was sagt er aus über unsere Vorstellung von Gott, von Religion, von Glaube?

Machen Sie sich als Gedankenstütze für das Taufgespräch und als wertvolle Erinnerung für Ihre Familie eine kurze Notiz dazu!

Beispiele

Altes Testament

Du sollst den Herrn, deinen Gott, lieb haben von ganzem Herzen, von ganzer Seele und mit all deiner Kraft. (5. Mose 6,5)

Die Gott lieb haben, sind wie die Sonne, wenn sie aufgeht in ihrer Pracht! (Ri 5,31)

Die Befehle des Herrn sind richtig und erfreuen das Herz. Die Gebote des Herrn sind lauter und erleuchten die Augen. (Ps 19,9)

Der Herr ist mein Hirte, mir wird nichts mangeln. (Ps 23,1)

Herr, zeige mir deine Wege und lehre mich deine Steige! (Ps 25,4)

Der Herr ist meine Stärke und mein Schild; auf ihn hofft mein Herz, und mir ist geholfen. Nun ist mein Herz fröhlich, und ich will ihm danken mit meinem Lied. (Ps 28,7)

Des Herrn Wort ist wahrhaftig, und was er zusagt, das hält er gewiss. (Ps 33,4)

Bei dir ist die Quelle des Lebens, und in deinem Lichte sehen wir das Licht. (Ps 36,10)

Befiehl dem Herrn deine Wege und hoffe auf ihn, er wird's wohl machen. (Ps 37,5)

Sende dein Licht und deine Wahrheit, dass sie mich leiten und bringen zu deinem heiligen Berg und zu deiner Wohnung. (Ps 43,3)

Gott ist unsere Zuversicht und Stärke, eine Hilfe in den grossen Nöten, die uns getroffen haben. Darum fürchten wir uns nicht, wenngleich die Welt unterginge und die Berge mitten ins Meer sänken. (Ps 46,2f)

Rufe mich an in der Not, so will ich dich erretten, und du sollst mich preisen. (Ps 50,15)

Schaffe in mir, Gott, ein reines Herz, und gib mir einen neuen, beständigen Geist. (Ps 51,12)

Wirf dein Anliegen auf den Herrn; der wird dich versorgen und wird den Gerechten in Ewigkeit nicht wanken lassen. (Ps 55,23)

Dennoch bleibe ich stets an dir; denn du hältst mich bei meiner rechten Hand. (Ps 73,23)

Denn er hat seinen Engeln befohlen, dass sie dich behüten auf allen deinen Wegen. (Ps 91,11)

Der Herr denkt an uns und segnet uns. (Ps 115,12)

Dein Wort ist meines Fusses Leuchte und ein Licht auf meinem Wege. (Ps 119,105)

Meine Hilfe kommt vom Herrn, der Himmel und Erde gemacht hat. (Ps 121,2)

Der Herr behüte deinen Ausgang und Eingang von nun an bis in Ewigkeit! (Ps 121,8)

Wenn der Herr nicht das Haus baut, so arbeiten umsonst, die daran bauen. Wenn der Herr nicht die Stadt behütet, so wacht der Wächter umsonst. (Ps 127,1)

Erforsche mich, Gott, und erkenne mein Herz; prüfe mich und erkenne, wie ich's meine. Und sieh, ob ich auf bösem Wege bin, und leite mich auf ewigem Wege. (Ps 139,23f)

Des Menschen Herz erdenkt sich seinen Weg; aber der Herr allein lenkt seinen Schritt. (Spr 16,9)

So spricht der Herr: Fürchte dich nicht, denn ich habe dich erlöst; ich habe dich bei deinem Namen gerufen; du bist mein! (Jes 43,1)

Es sollen wohl Berge weichen und Hügel hinfallen, aber meine Gnade soll nicht von dir weichen, und der Bund meines Friedens soll nicht hinfallen, spricht der Herr, dein Erbarmer. (Jes 54,10)

Ihr werdet mich suchen und finden; denn wenn ihr mich von ganzem Herzen suchen werdet, so will ich mich von euch finden lassen, spricht der Herr. (Jer 29,13f)

Neues Testament

Selig sind die Sanftmütigen; denn sie werden das Erdreich besitzen. (Mt 5,5)

Selig sind die Barmherzigen; denn sie werden Barmherzigkeit erlangen. (Mt 5,7)

Selig sind, die reinen Herzens sind; denn sie werden Gott schauen. (Mt 5,8)

Selig sind die Friedfertigen; denn sie werden Gottes Kinder heissen. (Mt 5,9)

Bittet, so wird euch gegeben; suchet, so werdet ihr finden; klopfet an, so wird euch aufgetan. (Mt 7,7)

Kommt her zu mir alle, die ihr mühselig und beladen seid; ich will euch erquicken. (Mt 11,28)

Was hülfe es dem Menschen, wenn er die ganze Welt gewönne und nähme doch Schaden an seiner Seele? (Mt 16,26)

Wo zwei oder drei versammelt sind in meinem Namen, da bin ich mitten unter ihnen. (Mt 18,20)

Was ihr getan habt einem von diesen meinen geringsten Brüdern, das habt ihr mir getan. (Mt 25,40)

Dein Glaube hat dir geholfen; geh hin in Frieden! (Lk 7,50)

Also hat Gott die Welt geliebt, dass er seinen eingeborenen Sohn gab, damit alle, die an ihn glauben, nicht verloren gehen, sondern das ewige Leben haben. (Joh 3,16)

Wer an den Sohn glaubt, der hat das ewige Leben. (Joh 3,36)

Ich bin das Brot des Lebens. Wer zu mir kommt, der wird nicht hungern; und wer an mich glaubt, den wird nimmermehr dürsten. (Joh 6,35)

Ich bin das Licht der Welt. Wer mir nachfolgt, der wird nicht wandern in der Finsternis, sondern wird das Licht des Lebens haben. (Joh 8,12)

Ich bin der Weg, die Wahrheit und das Leben; niemand kommt zum Vater denn durch mich. (Joh 14,6)

In der Welt habt ihr Angst; aber seid getrost, ich habe die Welt überwunden. (Joh 16,33)

weitere Bibelverse finden sich unter www.taufspruch.de.

Das Strickmuster «Dreifaltigkeit und Leitsymbol»
Frieder Furler

Einleitung

Während meiner vierzehn Jahre im Gemeindepfarramt hat sich ein Strickmuster durch die Tauffeiern gezogen. Die Trinität war der eine Faden, ein Leitsymbol der andere.

* Wir taufen auf den Namen Gottes, des Vaters, des Sohnes und des Heiligen Geistes. Diese Trinitätsformel hat ihre Wurzeln im gottesdienstlichen Feiern. Sie ist ein fester und gewichtiger Bestandteil des Taufaktes. Darüber hinaus eignet sie sich als Form, mit der wir auch weitere Teile der ganzen Taufhandlung gestalten können: die Taufansprache und das Taufgebet zum Beispiel. Die elementare Einfachheit der Trinitätsformel hat – neben ihrer starken theologischen Wirkungsgeschichte – eine grosse liturgische Kraft.
* Kinder bekommen manchmal im «Gottesdienst mit Klein und Gross» ein zum Thema passendes kleines Geschenk. Es erfreut sie und hält die Feier in ihrem Gedächtnis wach. Ein Leitsymbol, das die Taufe und den ganzen Gottesdienst durchzieht, ist auch ein Geschenk. Sprachbilder erfreuen das Ohr, bleiben im Gedächtnis haften, werden als Wort zum Brot für die Seele.

Die folgenden Beispiele nehmen die beiden Fäden, die trinitarische Form und ein Leitsymbol des Gottesdienstes auf und verbinden sie spielerisch. Im Beispiel 1 «Brückenschlag» wird versucht, die Trinität im Bild der Brücke zu konkretisieren. Die übrigen sechs Beispiele nehmen Leitsymbole auf, die einen unmittelbaren Zusammenhang zur Taufhandlung haben. Aber der Wahl von Leitsymbolen sind keine Grenzen gesetzt.
Wohltuend ist es, wenn das Leitsymbol der Taufe sich wie ein roter Faden durch den ganzen Gottesdienst zieht und in Liedern, Gebeten, Lesung, Predigt oder erzählter Geschichte aufscheint. So wäre für Beispiel 1 «Brückenschlag» und Beispiel 3 «Wasser» die Geschichte von Noah und dem Regenbogen passend.

Die folgenden Materialien sind eine Einladung zum Weiterstricken. Bewusst weggelassen ist in diesem Beitrag der Bezug zur konkreten Situation der Familie oder der Täuflinge. Das ist das Lokalkolorit, das jede Tauffeier braucht und ihr die Würze gibt. Hier geht es nur um das Strickmuster.

Beispiel 1:
Brückenschlag

Ansprache
Liebe Eltern und Paten, Geschwister und Familien,
wir taufen heute Patricia auf den Namen Gottes, des Vaters, des Sohnes und des Heiligen Geistes. Wir taufen sie auf den Namen des dreifaltigen oder dreieinigen Gottes. Wie sollen wir uns das vorstellen?
Gott ist im Himmel. Das ist der Bereich des Geheimnisvollen, wo wir nur mit dem Herzen gut sehen. Gott ist der geheimnisvolle Ursprung von allem. Er steht unsichtbar hinter allem wie ein Vater oder wie eine Mutter.

Gott ist im Himmel. Und wir sind auf Erden, im Bereich des Sichtbaren, auch des Scheins und des Vergänglichen. Gott ist vom Himmel zur Erde gekommen. In Jesus hat Gott eine Brücke zwischen Himmel und Erde gespannt und uns mit sich versöhnt.
Der Heilige Geist ist die Kraft, die lebendig erhält, was vor langer Zeit in Jesus Christus geschah. Der Heilige Geist spannt eine Brücke über den Graben der Zeit. Er lässt uns heute erleben, was vor über zweitausend Jahren geschehen ist.

Wir taufen Patricia auf den Namen Gottes, der väterlich und mütterlich ist. Wir vertrauen darauf, dass er sich wie ein bergender Himmel über sie wölbt und sie behütet.
Wir taufen Patricia auf den Namen Gottes, des Sohnes. Wir vertrauen darauf, dass immer wieder göttliche Liebe in ihr Herz fällt und dass sie Augenblicke erlebt, wo Himmel und Erde einander berühren.
Wir taufen Patricia auf den Namen Gottes, des Heiligen Geistes. Wir vertrauen darauf, dass Glauben und Kirche für sie nicht toter Buchstabe, sondern lebendiges Feuer werden.

Gebet
Unser Gott,
wir bitten Dich für Patricia.
Wo sie sich im irdischen Wirrwarr verfängt,
zeige Du ihr einen Regenbogen.
Wo sie nicht mehr zu sich stehen kann,
versöhne Du sie mit sich.
Wo sie matt ist,
beflügle sie mit Deiner Kraft.
Amen.

Beispiel 2:
Handwechsel

Ansprache

Jetzt halten die Arme und Hände der Mutter Jens umschlossen. Zur Taufe wird sie ihren Sohn aus ihren Händen geben und in die Hände der Patin legen. Dieser Handwechsel hat symbolische Kraft. Die Patin steht dabei für Gott:

Bei der Taufe geben Sie Ihr Kind noch einmal aus der Hand. Sie drücken damit aus, dass wir das Leben eines Kindes nie in der Hand und im Griff haben. Wir sind darauf angewiesen, dass Gott seine Hand mit im Spiel hat. So kann das Leben von Jens gelingen. Das heisst nicht, dass Sie als Eltern und Paten Ihre Hände in den Schoss legen und das Kind allein wachsen lassen.

Nach der Taufe nehmen Sie, liebe Mutter, Jens wieder zurück in Ihre Hand. Damit drücken Sie und Ihr Mann aus: Wir wollen das Gedeihen von Jens in die Hand nehmen, so gut wir können – aber im Vertrauen darauf, dass ein Anderer mit trägt, wo uns die Kraft verlässt.

Wir taufen Jens auf den Namen des dreieinigen Gottes.

Wir taufen Jens auf den Namen Gottes, aus dessen Hand alles Leben kommt. Dafür sind wir Gott, dem Schöpfer, dankbar.
Wir taufen Jens auf den Namen Gottes, der uns nicht tiefer als in seine Hand fallen lässt. Das trauen wir Gott zu, der uns in Jesus Christus nahe gekommen ist bis in den Tod.
Wir taufen Jens auf den Namen Gottes, der ihn uns an die Hand legt, um ihn zu streicheln, zu liebkosen, zu pflegen und zu formen. Dafür übernehmen wir, gestärkt durch die Kraft des Heiligen Geistes, die Verantwortung.

Taufe

Jens, ich taufe dich auf den Namen Gottes, der dich hält wie eine Mutter und wie ein Vater.
Ich taufe dich auf den Namen Gottes, der dir durch Jesus und deine Nächsten die Hand zu Neuanfängen bietet.
Ich taufe dich auf den Namen Gottes, der dir durch seinen Heiligen Geist Kraft gibt, dein Leben in die Hand zu nehmen.

«Hinten und vorn hältst du mich umschlossen,
und deine Hände hast du auf mich gelegt.»
(Psalm 139,5).

Gebet
Gott,
gib uns den Mut,
so für unsere Kinder da zu sein,
als ob alles in unseren Händen läge.
Gib uns das Vertrauen,
unsere Kinder sich selber und Dir überlassen zu dürfen,
als ob nichts an unseren Händen läge.
Und gib uns die Achtsamkeit,
wann Mut, wann Vertrauen an der Zeit ist.

Beispiel 3:
Wasser

Ansprache
Ohne Wasser gibt es kein Leben auf der Erde. Wasser ist Leben spendender Segen.
Das wogende Meer mit seinen Schaumkronen ist ein Symbol der Leidenschaft und
der Liebe. Die unbändige Gewalt von Wasserfluten ist aber auch bedrohlich und
zerstörerisch, ein Fluch. Die Fluten des Meeres sind ein Symbol von Zerstörung und
Tod.

Die Bibel kennt beide Seiten des Wassers. Für Menschen in fruchtbarer Fluss-
landschaft ist das Wasser selbstverständlich vorhanden. Ins Bewusstsein tritt es,
wenn zu viel vorhanden ist – bei Überschwemmungen. Das Wasser wird darum
als bedrohlich erlebt. Umgekehrt ist es in der Steppe oder Wüste. Das Wasser ist
Mangelware. Einfach so selbstverständlich ist es nicht vorhanden. Das rare Element
kommt als ein Segen ins Bewusstsein.
Wenn wir ins Leben eintauchen, treffen wir auf beide Seiten. Wir erleben Glück und
Segen und Liebe – und Unglück, Fluch und Tod. Als Christinnen und Christen vertrauen wir auf Gottes Versprechen, dass die Liebe stärker ist als der Tod. Wir taufen
Marina aus diesem Vertrauen.

Die frühen Christinnen und Christen haben das in der Taufe zum Ausdruck kommende Vertrauen mit der Geschichte von Noah, seiner Familie und seinen Tieren
ausgedrückt.
Die Arche ist ein Symbol des Vertrauens. Immer wieder birgt uns eine Arche. Sie
rettet uns durch Fluten und Strudel des Lebens hindurch. Jesus geht für uns in die
Fluten des Leides, der Schuld und des Todes. Er macht sich für uns zur Arche. Die
Arche ist aus dem Holz des Kreuzes gezimmert.

Wir taufen Marina auf den Namen Gottes, der aller Anfang ist.
Er ist wie das Wasser die segensreiche Quelle ihres Lebens.
Wir taufen Marina auf den Namen Gottes, der mit uns neu anfängt.
Er hat sich in Jesus den Fluten des Todes ausgesetzt
und rettet uns immer wieder durch unsichtbare Archen.
Wir taufen Marina auf den Namen Gottes.
Er ermutigt uns durch seinen Heiligen Geist,
ins Wasser des Lebens einzutauchen.

Gebet
Gott,
schicke Marina immer wieder Archen,
die sie durch die Stürme des Lebens tragen,
Mutter, Vater, Freundinnen und Freunde,
Orte und Zeiten der Geborgenheit.

Gott,
hole Marina immer wieder heraus,
wo ihre Arche gelandet ist.
Geselle ihr Menschen bei,
die sie herausklopfen,
wo sie wasserscheu ist.

Gott,
lass Marina auch selber zur Arche werden für andere,
die schutzlos sind.
Trage und berge sie mit Deiner Kraft.
Amen.

Beispiel 4:
Name

Ansprache
Wir haben alle vier Seiten. Die eine Seite ist das, was ich von mir weiss und die
anderen auch: meine offene Seite. Die zweite Seite ist das, was ich von mir weiss,
aber die anderen nicht: meine private Seite. Die dritte Seite ist das, was andere von
mir wissen, aber ich selber nicht: mein blinder Fleck. Schliesslich gibt es eine vierte
Seite, die ich selber und die anderen nicht kennen: das Geheimnisvolle, das in mir
schlummert.

Unser offizieller Name steht für die offene Seite. Unsere Kosenamen stehen für die private Seite. Übernamen stehen für den blinden Fleck. Mit der Taufe bekommt Noemi noch einen weiteren Namen: Christin. Dieser Name steht für das Geheimnis, für das Wunder, dass es sie überhaupt gibt – für die Talente, die in ihr verborgen sind, wachsen, hervorkommen und aufblühen – schliesslich auch für die abgründigen Seiten, die wir haben.

Wir taufen Noemi auf den Namen Gottes, des Schöpfers, Wir danken ihm, dass Noemi zur Welt gekommen ist. Wir bitten ihn, dass er sie schöpferisch bleiben lässt. Wir taufen Noemi auf den Namen Gottes, der sich in Jesus mit uns versöhnt hat. Wir danken Gott, dass Noemi vor ihm nichts verheimlichen muss. Wir bitten Gott, dass er ihre Augen aufhellt, wo blinde Flecken sind.
Wir taufen Noemi auf den Namen Gottes, dessen Heiliger Geist eine befreiende Kraft ist. Wir danken Gott, dass Noemi sich vor ihm keinen Namen zu machen braucht. Wir bitten Gott, dass er Noemi liebevoll bei ihrem Namen ruft, um sie zum Leben anzuspornen.

Gebet
Gott,
gib Noemi den Mut,
zu sich selber zu stehen,
sich selber zu ehren,
auf sich zu horchen
und auf das,
was Du ihr sagst.

Gott,
gib Noemi den Mut,
sich liebevoll zu öffnen für andere,
für Recht einzutreten,
offen zu sein für Deine Wahrheit
und die Dinge beim Namen zu nennen.

Gott,
gib Noemi den Mut,
Licht von Deiner Liebe
in blinde Flecken zu bringen
bei sich selber und bei anderen.
Amen.

Beispiel 5:
Licht

Ansprache

Was ist der Mensch? Eine Melodie durchzieht wie ein Schwanengesang unsere Kultur: Sterblich ist der Mensch. Heute haben wir allen Grund, das Gegenteil zu behaupten. Der Mensch ist auch geburtlich, anfänglich und initiativ.

In der Schöpfungsgeschichte am Anfang der Bibel heisst es, Gott habe uns Menschen nach seinem Bild geschaffen. Worin sind wir Gott gleich? Darin, dass wir vernünftige Wesen sind und eine Sprache sprechen? Darin, dass wir den aufrechten Gang beherrschen und beide Hände frei haben zum Handeln? Das sind sehr vernünftige, männliche und erwachsene Antworten? Wo bleiben das Gefühl, das Herzliche und das Kindliche?
Worin sind wir Gott gleich? Mir ist ein Spiegel in den Sinn gekommen. Wir nehmen Gottes Licht in uns auf und spiegeln es weiter zu den Nächsten und in die Welt. Ein Spiegel kann das Licht nicht in Beschlag nehmen. Er nimmt es auf und gibt es sogleich weiter. Er kann gar nicht anders.
Mit unseren Herzen sind wir Ebenbilder Gottes. Unser Herz ist ein Spiegel. Es nimmt Gottes Liebe auf und gibt sie weiter. Wir brauchen Gott, damit er uns seine Liebe gibt. Und die Nächsten brauchen uns, damit wir ihnen Gottes Liebe weitergeben. Und wir brauchen Nächste, damit sie uns Gottes Liebe weitergeben. Ebenbild Gottes zu sein und seine Liebe zu spiegeln, das vermögen schon die Kleinen. Sie tun es, ohne es zu wissen, und sie stecken uns Grössere an.

Wir werden Luzia taufen auf den Namen Gottes, der das schöpferische Licht hinter allen Sonnen und Galaxien ist und uns als sein Ebenbild geschaffen hat.
Wir werden Luzia taufen auf den Namen Gottes, der in Jesus Christus Licht von seinem Licht hineinfallen lässt in unser Dunkel und in unser Leid und unsere Herzen wie Spiegel ausrichtet auf das göttliche Licht.
Wir werden Luzia taufen auf den Namen Gottes, der mit der Kraft des Heiligen Geistes uns ermatteten Ebenbildern zu neuem Glanz verhilft.

Versprechen

Liebe Eltern und Paten,
wollen Sie Luzia erzählen von Gott, der das Urlicht der Schöpfung ist?
Wollen Sie ihr erzählen von Gott, der das Licht von Weihnachten ist?
Wollen Sie ihr erzählen von Gott, der unser Herz brennen lässt?
Wollen Sie das von ganzem Herzen, dann sagen Sie herzhaft Ja!
(Taufversprechen)

Taufakt:

Luzia, ich taufe dich auf den Namen von Gott,
dem Licht im Kosmos *(erstes Kreuzzeichen)*,
dem Licht der Welt *(zweites Kreuzzeichen)*,
dem Licht im Herzen *(drittes Kreuzzeichen)*.

Taufspruch:
«Mache dich auf und werde licht; denn dein Licht kommt.» (Jes 60,1)
Amen.

Taufkerze

Der Pate lässt sich nun von der Osterkerze Licht geben für die Taufkerze von Luzia.

Die Taufkerze bringt sichtbar zum Ausdruck, was der Name Luzia bedeutet: Licht. Die Kerze wird Luzia später an ihre Taufe erinnern. Sie wird ihr Licht und Wärme spenden, wo sie es braucht. Sie wird ihr Vertrauen auf das göttliche Licht, ihre Hoffnung auf mehr Licht auf Erden und die Liebe in ihrem Herzen anfachen.

Beispiel 6:
Baum

Ansprache

Was wir Oliver auf seinem Weg wünschen, das lässt sich an einem Baum festmachen.

Ein Baum braucht weit verzweigte Wurzeln, die ihn nähren und erden. Das gibt ihm Kraft und Halt. Wer Wurzeln hat – und das meint das Wort «radikal» –, braucht nicht extrem zu werden, wächst organisch und aus seiner inneren Ruhe.

Ein Baum braucht einen flexiblen Stamm, der – Jahrring um Jahrring zulegend – den Winden Stand hält. Der Stamm des Baumes lehrt uns, was «Flexibilität» bedeutet: Beweglichkeit und Offenheit, die aus einer Mitte kommen und zu ihr zurückkehren. Wer flexibel ist, ist keine Windfahne. Wer flexibel ist, bietet dem Wind Rückgrat.
Ein Baum, der verwurzelt ist und einen kräftigen Stamm bildet, bringt zu seiner Zeit Früchte hervor. Er lebt nicht davon, dass er Frucht bringt. Er lebt von den Wurzeln. Der Baum hängt nicht an den Früchten. Das wäre furchtbar. Die Früchte hängen am Baum. Wer erntefixiert ist, bringt sich und die anderen oft um die Früchte zur rechten Zeit. Wer seine Wurzeln pflegt und seinen Stamm flexibel hält, der bringt Frucht wie von selbst, ihm und anderen zum Genuss. Das ist Wachstumsorientierung.

Die drei Wünsche, die wir an Olivers Lebensbaum hängen, sind: Radikalität, Flexibilität und Fruchtbarkeit.

Wir taufen Oliver auf den Namen Gottes, des Schöpfers. Er ist der Humus, in dem unsere Wurzeln wachsen können.
Wir taufen Oliver auf den Namen Gottes, des Versöhners. In Jesus mittet er uns ein, gibt uns die Geschmeidigkeit der Liebe macht uns zu aufrichtigen Menschen.
Wir taufen Oliver auf den Namen Gottes, des Erlösers. Durch seine Geistkraft macht er unser Leben fruchtbar und kreativ. Er hilft uns, unsere Früchte loszulassen und geniessbar für andere zu machen.

Gebet

Gott,
lass Oliver verwurzelt sein
in seiner Familie und in Dir
wie ein Baum.
Lehre ihn vertrauen.

Gott,
mach Oliver zu einem aufrechten Menschen
vor seinen Nächsten und vor Dir,
beweglich und fest in Sturm und Leidenschaft
wie der Stamm eines Baumes.
Lehre ihn lieben.

Gott,
mach Oliver zu einem kreativen Menschen,
für Dich und für andere geniessbar,
wachsend und wachsend.
Lehre ihn hoffen.
Amen.

Tauflieder
Liedfiles von Daniel Schmid

Daran wird die Welt erkennen
T: nach Joh. 13,35 / M: Thomas Muggli-Stokholm

Kanon zu 3 Stimmen

Da - ran wird die Welt er - ken - nen, dass ihr mei - ne

Freun - de seid, wenn ihr Lie - be un - ter - ein - an - der habt.

Ein kleines Kind, du grosser Gott
T: Rosemarie Harbert / M: Gerhard Blank

Gruppe oder Eine(r)

1. Ein klei - nes Kind, du gros - ser Gott, kommt
2. Es braucht die Kraft, du gros - ser Gott, um
3. Es braucht das Licht, du gros - ser Gott, um
4. Wir al - le hier, du gros - ser Gott, wir

in dein Haus. 1–3. Herr, nimm es auf bei dir.
weit zu gehn.
dich zu fin - den.
brau - chen dich. 4. Herr, nimm uns auf bei dir.

Alle

Herr, nimm es auf bei dir.
Herr, nimm uns auf bei dir.

Es Gschänk vom Himmel

T/M: Andrew Bond

1. Du___ bisch es Gschänk vom Him-mel, und mir___
2. s Lä-be isch es Gschänk vom Him-mel, wer weiss, wo -
3. Lie - bi isch es Gschänk vom Him-mel. d Tau - fi___

nä - meds aa. Mit al - lem, wo du bisch, mit
hii s wird gaa? I al - lem, was es bringt, i
büü - tets aa. Mit al - lem, wo du bisch, mit

al - lem, wo du gisch, mir sä - ged ja, mir sä - ged___ ja.
al - lem, was es gitt, mir nä - meds aa, mir nä - meds___ aa.
al - lem, wo du gisch, au Gott seit ja, au Gott seit___ ja.

«Himmelwiit», Lieder für kirchliche Anlässe mit Kindern und Familien
von Andrew Bond. Grossengaden Verlag, Wädenswil
(CD ISBN 3-9523041-4-X, ISBN 978-3-9523041-4-3
Mit dazugehörigem Liederheft und Playback-CD
www.andrewbond.ch

Ich habe einen Namen

T: Rolf Krenzer / M: Hans-Werner Clasen

1. Ich ha - be ei - nen Na - men und bin ge - tauft.
2. Ich heis - se *Ma - ri - an - ne* und bin ge - tauft,
3. Wir ha - ben ei - nen Na - men und sind ge - tauft.

Ja, du hast ei - nen Na - men und bist ge - tauft.
Ja, du heisst *Ma - ri - an - ne* und bist ge - tauft.
Wir ha - ben ei - nen Na - men und sind ge - tauft.

Refrain

Freut euch al - le! Freut euch al - le! Wir sind ge - tauft. Gott hat uns lieb.

Zur Ausführung:
Die 1. Strophe und der Refrain werden von allen gemeinsam gesungen.
Bei der 2. Strophe wird der jeweilige Name eingesetzt: *Ich heisse ...* kann von einem Kind allein gesungen werden, alle gemeinsam antworten mit *Ja du heisst ...*
Die 3. Strophe schliesst diesen Wechselgesang ab.

Ich singe für Gott mein kleines Lied

T: Frohmut Schweizer / M: Rolf Schweizer

Einer / Alle (Repetition)

1. Ich sin - ge für Gott mein___ klei - nes___ Lied!
2. Ich wur - de ge - tauft auf den Na - men des Herrn:

Er gab mir das Le - ben, und er hat mich lieb.
sein Se - gen um - gibt___ mich, ob nah o - der fern.

Geborge

T/M: Mirjam Schmid

Kehrvers

Ich bin ge - bor - ge bi dir, dänn du bisch bi mir, du
lasch mi nie e - lei, bi dir dörf ich sii, grad
so wie ich bin, ich bin bi dir de - hei.

Strophe

1. Du ghörsch mis Brieg - ge und truu - risch au mit mir. Du
2. Du ghörsch mis Fra - ge, stasch dänn au hin - ter mir. Au
3. Du ghörsch mis Bät - te und lo - sisch mir au zue. Du
4. Du ghörsch mis La - che, bisch glück - lich dänn mit mir. Du

gsesch all mi - ni Sor - ge und hebsch ganz fescht zu mi. Kv
wänn ich a dir zwiif - le, bliibsch du ganz nöch bi mir. Kv
gsesch, Gott, was ich bruu - che, schänksch Frie - de mir und Rueh. Kv
gsesch au, wenn ich tan - ze, ich weiss, das freut dich sehr. Kv

Wie in einer zärtlichen Hand

T/M: Berndt Schlaudt / Gruppe Liturgie 1985

Kanon zu 4 Stimmen

Wie in ei - ner zärt - li - chen Hand sind wir ge -
(Hand)

bor - gen bei Gott für al - le Zeit.

Gott, mir tanked dir

T/M: Thomas Muggli-Stokholm

Gott, mir tan-ked dir, treu bisch du für öis daa. Wänn mir Chin-de

tauf - ed, trou - ed mir diim Ja. Au im tunk - le Tal nimmsch

du öis a de Hand, füehrsch öis si - cher zrugg is wii - te

Land. Bis drum mit diim Sä - ge bi de tauf - te

Chind. Gib, dass sie für d Wält en Sä - ge sind.

I de Chile

T/M: Laura Lüscher

1. I de Chi - le fii - red mir wich - ti - gi Mo - mänt,
2. Bi de Tau - fi sä - ged mir Dan - ke öi - sem Gott,
3. Bim - ne Hoch - sig sä - ged mir Dan - ke öi - sem Gott,
4. Wänn mer fascht er - wach - se sind, dan - ked mer öi - sem Gott,
5. Wenn de Tod is Lä - be griift, bit - ted mer öi - sen Gott:

fi - red öi - ses Zä - me - sii und dass Gott öis kännt.
dass er Ja zum Lä - be seit, öis be - glei - te wott.
dass er Ja zur Lie - bi seit, öis be - glei - te wott.
dass er Ja zur Frei - heit seit, öis be - glei - te wott.
«Hilf öis, wänn mir truu - rig sind, träg öis i de Not.»

Fii - re tuet guet! Fii - re macht Muet! Drum sind mir hütt da!

Ich trage einen Namen

T: Rolf Krenzer / M: Peter Janssens

1. Ich tra - ge ei - nen Na - men, bei dem der Herr mich nennt. Du rufst mich in der Tau - fe, da - mit auch ihr mich kennt, du rufst mich in der Tau - fe, da - mit auch ihr mich kennt.

2. In christ - li - cher Ge - mein - de mich auf - nehmt, wie ich bin, weil Gott mich an - ge - nom - men. Gott ruft mich selbst hier - hin, weil Gott mich an - ge - nom - men. Gott ruft mich selbst hier - hin.

3. So ist es durch die Tau - fe mit dir und mir ge - schehn: Ich kann mit Chris - tus le - ben und mit ihm auf - er - stehn. Ich kann mit Chris - tus le - ben und mit ihm auf - er - stehn.

4. Und weil dich mei - ne Schwä - che nicht stört und du mich liebst, nehm ich auch mei - nen Nächs - ten so an, wie du ihn gibst, nehm ich auch mei - nen Nächs - ten so an, wie du ihn gibst.

5. So trag ich mei - nen Na - men, bei dem du, Herr, mich nennst, und weiss, dass du mich im - mer mit mei - nem Na - men kennst, und weiss, dass du mich im - mer mit mei - nem Na - men kennst.

Segne dieses Kind 1. Variante

T: Lothar Zenetti / M: Herbert Beuerle

Kehrvers Alle

F — B6/F — F — C

1.–6. Seg - ne die - ses Kind und hilf uns, ihm zu hel - fen,

F — Am — Dm — Am — B6 — B — F

dass es se - hen lernt mit sei - nen eig - nen Au - gen
dass es hö - ren lernt mit sei - nen eig - nen Oh - ren
dass es grei - fen lernt mit sei - nen eig - nen Hän - den

dass es re - den lernt mit sei - nen eig - nen Lip - pen
dass es ge - hen lernt auf sei - nen eig - nen Füs - sen
dass es lie - ben lernt mit sei - nem gan - zen Her - zen.

Strophen Gruppe oder Eine(r)

Dm — Gm

das Ge - sicht sei - ner Mut - ter und die
auf den Klang sei - nes Na - mens, auf die
nach der Hand sei - ner Freun - de, nach Ma -

von den Freu - den und Sor - gen, von den
auf den Stras - sen der Er - de, auf den

C — F — Dm

Far - ben der Blu - men und den Schnee auf den
Wahr - heit der Wei - sen, auf die Spra - che der
schi - nen und Plä - nen, nach dem Brot und den

Fra - gen der Men - schen, von den Wun - dern des
müh - sa - men Trep - pen, auf den We - gen des

Gm — C

Ber - gen und das Land der Ver - heis - sung. *Kv*
Lie - be und das Wort der Ver - heis - sung. *Kv*
Trau - ben und dem Land der Ver - heis - sung. *Kv*

Le - bens und dem Wort der Ver - heis - sung. *Kv*
Frie - dens in das Land der Ver - heis - sung. *Kv*

Wir grüssen dich, du Menschenkind

T: Lothar Petzold, M: Wolfgang Teichmann

1. Wir grüs - sen dich, du Men - schen - kind, will - kom - men auf der Er - de. Wir grüs - sen dich, du Men - schen - kind, will - kom - men auf der Er - de. Mit Gott im Bund hab gu - ten Mut, er will, dass Frie - den wer - de. Mit Gott im Bund hab gu - ten Mut, er will, dass Frie - den wer - de.

2. Der Frie - den kommt, wenn du ihn willst, dein Glau - be stif - tet Le - ben. Der Frie - den kommt, wenn du ihn willst, dein Glau - be stif - tet Le - ben. Dein Wort sei klar, dein Han - deln gut, das Schei - tern dir ver - ge - ben. Dein Wort sei klar, dein Han - deln gut, das Schei - tern dir ver - ge - ben.

3. Du kamst zu uns, wir gehn mit dir, bist nicht al - lein ge - las - sen. Du kamst zu uns, wir gehn mit dir, bist nicht al - lein ge - las - sen. Brennt in dir Angst, dann soll - test du mit Hän - den nach uns fas - sen. Brennt in dir Angst, dann soll - test du mit Hän - den nach uns fas - sen.

4. Du Men - schen - kind wir tau - fen dich auf dei - nen neu - en Na - men. Du Men - schen - kind wir tau - fen dich auf dei - nen neu - en Na - men. Du bist ge - liebt als Got - tes - kind in Je - sus Chris - tus. A - men. Du bist ge - liebt als Got - tes - kind in Je - sus Chris - tus. A - men.

Segne dieses Kind 2. Variante

T: Lothar Zenetti / M: Herbert Beuerle

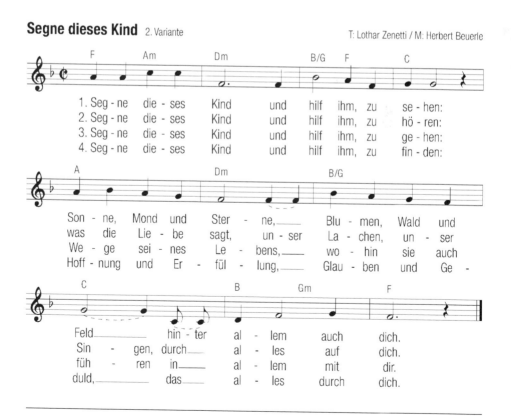

1. Seg - ne die - ses Kind und hilf ihm, zu se - hen:
2. Seg - ne die - ses Kind und hilf ihm, zu hö - ren:
3. Seg - ne die - ses Kind und hilf ihm, zu ge - hen:
4. Seg - ne die - ses Kind und hilf ihm, zu fin - den:

Son - ne, Mond und Ster - ne, ___ Blu - men, Wald und
was die Lie - be sagt, un - ser La - chen, un - ser
We - ge sei - nes Le - bens, ___ wo - hin sie auch
Hoff - nung und Er - fül - lung, ___ Glau - ben und Ge -

Feld ___ hin - ter al - lem auch dich.
Sin - gen, durch ___ al - les auf dich.
füh - ren in ___ al - lem mit dir.
duld, ___ das ___ al - les durch dich.

Singe dein Lied für Gott

T/M: Rolf Schweizer

Kehrvers

Sin - ge dein Lied für Gott, sin - ge dein Lied für Gott,

denn er gab dir das Le - ben! gab dir das Le - ben!

Strophen 1.x Eine(r) / 2.x Alle

1. Du lebst in ei - ner Welt, die bunt ist,
2. Du hast ein Heim bei dei - nen El - tern,
3. Dich mö - gen vie - le and - re Men - schen,
4. Drum freu - e dich an dei - nem Le - ben
5. Er will, dass wir auf die - ser Er - de

und spürst der Son - ne war - men Schein. Kv
du kannst sie ru - fen in der Nacht. Kv
und sie gehn mit dir durch die Zeit. Kv
denn Got - tes Se - gen ruht auf dir. Kv
in Frie - den le - ben Jahr um Jahr. Kv

Mir sind underwägs

Kanon zu 2 Stimmen

T/M: Markus Fricker

Mir sind un - der - wägs, un - der - wägs und mir

sind nöd e - lei; dänn du bisch bi öis und

füersch öis dur d Stras - se vom Lä - be.

Wo nicht näher bezeichnet, liegen die Rechte bei den Autoren. Herausgeber und Verlag waren darum bemüht, alle nötigen Abdruckrechte einzuholen. Sie bedanken sich für die Abdruckgenehmigungen und bitten, diejenigen Copyrights, die nicht erhoben werden konnten, gegebenenfalls beim Verlag zu melden.